佐久間惣治郎伝

——教育の基本は「論語と算盤」

佐々木久夫 著

Art Days

佐久間惣治郎（昭和10年）

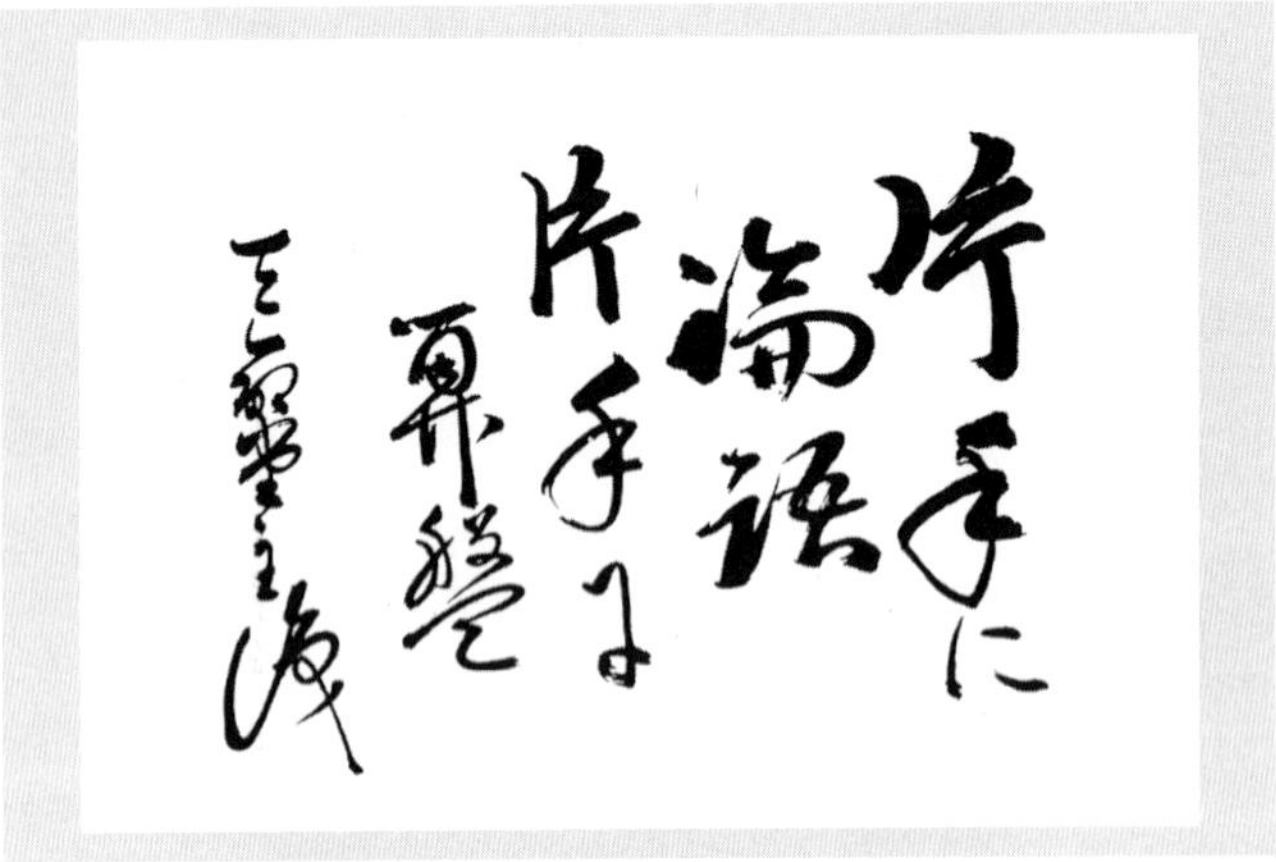

物治郎が教育の基本とした「片手に論語　片手に算盤」の書

佐久間惣治郎伝——教育の基本は「論語と算盤」目次

佐久間惣治郎伝

――教育の基本は「論語と算盤」

一　生い立ち

誕生、子ども時代

東京から東へ約七〇キロメートル、千葉県北東部に匝瑳《そうさ》市は位置する。今も豊かな自然が残り、人々の暮らしと共に続いてきた美しい里山と田園の眺めが印象的な土地である。広々とした九十九里海岸をのぞむこの地方は、海洋性の暖かくおだやかな気候で知られ、さらに肥沃な土地に恵まれている。

そのために古くから農業が盛んに行われ、現在も水稲はもちろん、トマト、イチゴ、ねぎなどさまざまな野菜、果物を栽培する豊かな田園地帯が広がっている。農家のなかには酪農や養豚を組み合わせた複合経営を行っているところも多い。

植木の栽培面積も日本有数で、とくに松や槇《まき》が名高い。巨樹巨木が多く残っていることから、人々が代々樹木を大切にし愛してきた歴史が偲ばれる。平成八年度には、グリーン・ツーリズムモデル整備構想策定事業を導入し、都市と農村の交流に取り組んでいる。

史跡の数も多い。なかでも室町時代、天正年間に開かれた日蓮宗の学校、飯高檀林は有名である。天正八年（一五八〇）に、市中心部から北へ約八キロメートルのところにある現在の場所に移って以来、明治七年（一八七四）に廃檀されるまで、三〇〇年近くにわたって僧侶たちの教育機関として栄えた。飯高檀林のいくつかの建物は、いまも飯高寺に残り、講堂、鐘楼《しょうろう》、鼓楼《ころう》、総門は昭和五五年（一九八〇）に国の重要文化財の指定を受けている。

今をさかのぼること一三〇年あまり、明治一〇年（一八七七）三月一五日、この匝瑳市（当時の千葉県匝瑳郡須賀村高）ののどかな農村にひとりの男の子が生まれた。農業を営む佐久間徳太郎、さく夫妻の待望の長男である。両親はこの子を惣治郎《そうじろう》と名づけた。

明治一〇年といえば、大政奉還から一〇年を経たとはいえ、全国各地で士族を中心として明治政府にたいする反乱があいついでいた時期である。七年の佐賀の乱に始まり、九年には神風連の乱、秋月の乱、萩の乱が起きた。それに加えて、地租改正に反対する農民一揆も全国的な広がりを見せていた。さらに年が明けた一〇年には、明治維新最後の士族の反乱となった西南戦争が起こっている。日本中がまだまだ激しい動乱の只中にあったのである。

しかしその一方で、近代化は着実に進行していた。ちょうど同じころ、東京開成学校と東京医学校を合併して東京大学が設置されている。都市計画をみれば、明治五年、和田倉門付近から出火して銀座、築地一帯を焼きつくした大火を契機に、西洋流の不燃都市の建設を目指して計画された銀座の煉瓦街が、やはりこの年に完成している。

勤勉な両親のもとで、惣治郎はすくすくと育っていった。惣治郎には姉がひとりいて、のちに弟と妹がひとりずつ生まれている。今となっては想像しにくいことだが、耕作機械などが十分に普及していなかった当時の農村部では、子どもは貴重な労働力であると考えられていた。そのため惣治郎も、物心つくころから、農作業をはじめさまざまな仕事をして懸命に両親を助けた。その働きぶり、親孝行ぶりは近所でも評判となっていた。子どもが親を手伝って働くことが珍しくなかったこの時代に評判になるのだから、いかに惣治郎がまじめで勤勉な少年であったかがよくわかる。

また惣治郎は、早くから学問に強い関心を持っていた。惣治郎が進取の気性と人並みはずれた向上心の持ち主であったことは、その後の彼がたどった人生や、彼に教えを受けた多くの人々の証言から明らかである。それには惣治郎の生まれ育った土地柄もなんらかの影響を及ぼしているであろう。

この地域には、古くから学問を尊ぶ気風があふれ、ユニークな精神が息づいていた。なかでも匝瑳郡、香取郡南部一帯の学問風土には、飯高檀林の学問探究の伝統と、二宮尊徳の報徳思想の二つが深く根を下ろしていたようである。

先に触れた日蓮宗の飯高檀林は、室町時代の天正年間に開檀された。もっとも繁栄した江戸中期には、全国から学僧一七〇〇人が集まって学問に打ち込んだ。ここでは初等課程の名目部に入学し、その後、四教儀部、集解部、観心部、玄義部、文句部、止観部、御書科と、全八課程を修めることになっており、全課程を終えるのには実に三六年間を要したと言われている。年六カ月の学習期間のうち半分の三カ月は、説法などを独習することにあてられていた。さらに、講義を一日でも休むと進級できないという厳しさであった。ここでは教師たちも学生と寝食をともにして行儀を指導し、互いに研鑽しあっていたという。

いっぽう二宮尊徳（一七八七－一八五六）は、相模国（現在の小田原市）の農民の子として生まれ、早くに両親を失うなど数々の苦労のすえ農政家となった人物である。天保年間には時の老中水野忠邦に登用されて農村復興政策を指導し、幕府の御普請役格にまでなった。

尊徳は、この世には天道（本能や自然）と人道があり、人道が天道を制さなくてはならないが、両者は相反するのではなく互いに利して生産が行われると考えた。また分度を守り（各人がその身分、財産相応の計画を立てて、その予算の中で生活をすること）、余裕が出ればそれを推譲（他に譲る）して互いに助け合えば、農民も貧困から解放されるとした。尊徳の教えである報徳思想、報徳仕法の考えは、この分度と推譲に基づいた抽象的な宇宙論である。

しかし彼の高弟たちは、師の思想を分かりやすく教えるために、「報徳社」をつくり、各地の私塾や寺子屋などで普及徹底を図った。そのため尊徳の教えは匝瑳、香取の農漁村に広く伝わっていった。

飯高檀林と報徳社の共通点として、学問探究の尊さを称賛したことが挙げられる。この地域の住民に学問を尊ぶ心がごく自然に浸透していたのはそのためであろう。

勉強熱心だった小学校時代

小学校にはいった惣治郎は、人一倍熱心に勉強した。几帳面な性格で、授業で教わったことでも、自分で納得がいくまで繰り返し教師に質問しに行くのだった。もちろん学校に行き始めても、それまで通り、家の仕事をきちんとやっていたことはいうまでもない。

小学校の卒業が近づいてくると、勉強好きな惣治郎は中学校へ進学して学問を続けることを強く望んでいた。しかし、父の徳太郎がそれを許さなかった。惣治郎はやむなく進学を断念する。

ここで忘れてはならないのは、このころの教育制度が現在とは大きく違っていたことである。まず義務教育は小学校までだったので、必ずしもすべての生徒が中学校へ進むわけではなかった。また中学校の授業料は決して安くなかった。その結果、進学できるのは経済的に恵まれたごく一部の子供たちに限られていたのである。

徳太郎には惣治郎を中学校に通わせるような金銭的余裕がなかった。さらに、農家に生まれた子どもは農家を継ぐのが当然、という考え方がまだ根強かったということもあるだろう。息子を進学させなかったからといって、徳太郎が学問を軽視する頑迷な人物であったと考えるのはあやまりである。むしろ徳太郎は誠実で心があたたかく、常日頃から「百姓は一生の学問だ」と言っていたという。

農作業と漢学

こうして惣治郎は、父にしたがって進学をあきらめ、朝早くから一日じゅう農作業に打ち込む生活を始めた。しかし進学は断念しても、学問をすっかりやめてしまったわけではなかった。農作業が終わってから、毎晩ひとりで勉強を続けたのである。

惣治郎がとくに力を入れて学んだのは、『大学』『論語』『孟子』などの漢籍であった。また、歴史人物書『近古慷慨《こうがい》家列伝』も好んで読んでいたようである。自分ひとりの力では十分に理解できないと感じると、村の小学校の校長の講釈を聞いたり、書物を借りたりしたという。隣村の人に教えを乞うために、しばしば遠くまで足を運ぶこともあった。勉強は毎日毎晩、深夜まで続けられた。のちに惣治郎はこの時代を回想して「午前二時より早く寝たことはなかった」と述べている。

惣治郎は、おそらく自分の心を豊かにしたいと思ってこういった書物を学んだことと思われる。しかし、次第に、こうして学んだことを人に伝えたいと願うようになり、いつしか心のなかに教育への思いが芽生えていったのであろう。

惣治郎が一五、六歳のとき、父徳太郎が事故にあって重傷を負うというできごとがあった。徳太郎はこのけがの療養をしなくてはならず、長期間にわたって仕事ができなくなった。すると惣治郎は、いままでの仕事に加えて父親の分までも働いた。寒さの厳しい冬の朝には、まだ暗いうちからねぎを荷車に積んで、一〇キロほども離れた香取郡の多古町まで売りに行った。そして帰りは歩きながら本を読んで勉強した。まさに二宮尊徳を彷彿とさせる。

また当時は総武線の敷設が進んでいた。明治二七年（一八九四）に市川〜佐倉間が開業し、三〇年には本所（現在の錦糸町）から銚子まで延長されている。惣治郎はこの敷設工事の使役に父親の代理で出て、トロッコ押しをやったこともあった。

ようやく父徳太郎の傷が回復して、もとの状態に戻ったのは数年後のことだった。その間惣治郎は、父と自分とのふたり分の仕事をやり遂げ、そのうえ学問にも熱心に取り組んでいたのである。

徳太郎は、そんな息子の姿をじっと見ていたにちがいない。そしてそのひたむきな姿に少しずつ心を動かされたのであろう。明治三一年（一八九八）春のある日、惣治郎に「それほど学問がしたいのなら、師範学校の講習科に行ってはどうだ」と勉学の許しを与えた。その言葉を聞いた惣治郎は、うれしさのあまり小躍りして喜んだという。このとき惣治郎は二一歳になっていた。

小学校卒業からじつに一〇年近くも、仕事と勉強の両方に全力投球する生活を続けていたのである。いくら学問を尊ぶ気風がある土地柄とはいえ、この時代の農村にあって、親の気持ちを変えさせるほどの向学心の持ち主がいたのは驚きというほかない。

師範学校へ

こうして惣治郎は千葉県師範学校（現、千葉大学教育学部）の講習科に入学する。師範学校入学直前の惣治郎に、こんなエピソードが残されている。入学前日、惣治郎は耕し残した田の手入れをしていた。たまたま通りかかった村の古老がこれを見て「千葉に行くのを取り止めにしたのか」と聞いた。すると惣治郎は、「明日は千葉に行きますが、これだけ残っているのを耕すのです」と答えたという。惣治郎の責任感の強さが、よく伝わってくる。

ここで師範学校について、少し説明をしておこう。

師範学校とは、初等教育の教員を養成した旧制の学校である。その歴史は、明治五年（一八七二）に東京の湯島聖堂内に、昌平坂学問所を引き継ぐ形で官立師範学校が創設されたことに始まる。その後各府県に公立師範学校が設けられたが、入学年齢、修業期間などにはとくに規定がなかったのでばらばらであった。そこで明治一四年（一八八一）に教育令の師範学校教則大綱によって規則が改正され、師範学校の水準が統一される。ついで一九年に師範学校令で、師範学校は、高等師範学校（中等教員を養成）と、尋常師範学校（初等教員を養成）に分割された。さらに三〇年（一八九七）に師範学校教育令が制定されて、尋常師範学校は名称を師範学校と改められた。

千葉県師範学校は、もとをたどれば明治五年（一八七二）に創設された印旛官立共立学校である。その後、千葉師範学校、千葉県尋常師範学校、千葉県師範学校と名称を変えた。師範学校教育令が制定された三〇年（一八九七）に現在の千葉市中央区市場町付近に移転しているから、惣治郎もこの新校舎で学んだのであろう。ちなみに惣治郎が入った講習科とは、尋常小学校教員を養成する、いわば速習コースであった。

半年間の講習科を無事修了した惣治郎は、一一月に尋常小学校本科准教員の資格を取得する。そして一二月から、晴れて郷里の母校、須賀村尋常小学校の教員として働き始めた。希望に燃え、気力をみなぎらせた若手教員が、子どもたちを教育、指導している姿が目に浮かぶようである。またこのころは、村の青年たちが休日に小学校に集まって討論会を開くことがよくあった。惣治郎はこうした集会にも参加して意見を述べていたという。後年、この傾向はますます強く発揮されていくことになる。

こうして念願かなって教壇に立ち始めた惣治郎だが、ほどなく壁につきあたってしまう。実際に生徒たちを教えるにつれて、自分にはさまざまな点で勉強が足りないと痛感するようになったのである。

そこでさらに学業を続けようという意志を固めた。小学校で教え始めて一年あまりのち、明治三三年（一九〇〇）二月に、惣治郎は東京物理学校数学科に入学した。惣治郎は二三歳になっていた。父の徳太郎は、惣治郎が師範学校に進むことにとどまらず、郷里を離れて東京で学ぶことを許したのである。当時の常識から考えれば、特筆に値することといってよい。

惣治郎は、東京の神田岩本町で暮らしていた叔母のもとに身を寄せ、神田小川町にあった東京物理学校に通うことになる。

東京物理学校で学ぶ

東京物理学校は、現在の東京理科大学の前身で、明治一四年（一八八一）に東京物理学講習所として麹町区飯田町に創設された。創設したのは東京大学を卒業したばかりの二一人の理学士たちで、中心的なメンバーとして天文学者の寺尾寿（一八五五－一九二三。東京天文台初代所長を務め、天文学者の養成など教育面で尽力した）がいる。彼らは「理学の普及を以て国運発展の基礎とする」という建学の精神を掲げ、私塾としてさまざまな困難を乗り越えながら理学教育に身を捧げた。大正六年（一九一七）に旧制専門学校に昇格している。卒業したあとは教員になる学生が多く、夏目漱石の小説『坊っちゃん』の主人公もこの学校の出身という設定になっている。

なぜ惣治郎がこの学校を選んだのかは明らかではないが、能力があれば中学校を出ていなくても入学できたこと、学費が比較的安かったことが大きな理由と考えられる。

東京物理学校は、真の実力を身につけた学生だけを卒業させる「実力主義」を掲げた厳しい学校であった。明治二〇年（一八八七）の学則では、二回以上続けて落第した学生を退学させることを明記している。入学できても卒業するのは難しく、当時は三〇〇人入学しても順調に三年で卒業できるのは五人に満たなかったとさえ言われている。惣治郎はこの難しい学校を、三年後の明治三六年（一九〇三）二月に、みごと首席で卒業した。

そして同じ年の五月、教諭心得（教諭見習い）として、山形県立山形中学校に赴任したのである。

二　教師としての出発

山形中学校に赴任

山形県は、四方を山地で囲まれ、県域の四分の三を山地、丘陵が占めている。県を南北に走る出羽山地によって、日本海寄りの庄内地方と内陸地方に分けられ、内陸地方はさらに米沢盆地、山形盆地、新庄盆地を中心とした三つの地域に分けられる。山形県の「母なる川」とよばれる最上川は、県の南端の吾妻連峰からこれらの盆地をつなぐように北へ流れ、庄内平野を経て日本海に注いでいる。豊かな自然に恵まれる山形県は、朝日連峰、飯豊連峰、出羽三山、蔵王などの観光資源を誇る。

江戸時代、この地方の各藩では新田開発が盛んに行われて農業経済的な基礎が固められ、庄内米のほか、紅花、生糸など特産品が生産されていた。そのほか鋳物も産して、町は買い付けの商人でにぎわった。

明治維新後はいくつかの行政区画の変遷を経たのち、明治九年(一八七六)に置賜県、山形県、酒田県の三県が合併して現在の山形県になる。

この年、初代県令に三島通庸が就任した。三島は、土木県令の異名をとるほど積極的に道路づくりを進めて、現在の道路網の基礎をつくりあげた。サクランボなどの果樹の試験栽培も始め、これが現在のフルーツ王国山形を築き上げるきっかけとなっている。また耕地整備や品種改良にも力を入れ、米作の生産性も向上した。

明治以降の山形県の歴史を語るとき、忘れることのできないもののひとつが雑誌『木鐸《ぼくたく》』である。この雑誌は、明治三八年(一九〇五)に酒田市で創刊された。編集者は漢詩人、俳人の藤井孝吉、地主の嫡男伊藤観次郎らであった。彼らは思想の改善、知識の発達、時代精神の発展によって地方の衰退を挽回することを目指して、秕政《ひせい》(悪い政治)を正し、国益をはかり、文教を興し、弊風《へいふう》を矯正すべきと主張した。

『木鐸』は大正六年(一九一七)まで一二年間にわたって刊行された。内容は政治、経済、教育、文学など多岐にわたり、その高い水準には驚かされる。明治四二年(一九〇九)には、マルクスの『賃労働と資本』が笹原潮風(一八八二―一九六四)の翻訳で掲載された。これは一般に本邦初訳と考えられている河上肇の翻訳より一〇年も早い。

県庁所在地である山形市は県南東部に位置し、最上川水系の馬見ヶ崎川や須川が市内を流れている。もともとは最上氏の城下町であったが、江戸時代は藩主の交代があいつぎ、幕末は水野氏の城下町であった。最上家ゆかりの社寺（鳥海月山両所宮、専称寺、光禅寺）だけでなく、三島通庸の洋風化政策の一環として建設された山形県庁舎、済生館、山形師範学校などの洋風建築も当時の姿のまま残っている。惣治郎が赴任した明治三六年は、奥羽線が新庄まで開通した年である。またこの年には、山形・秋田県の合併問題が生じ、山形県会が内務大臣に反対意見書を提出するという事件も起こっている。

山形中学校は明治一七年（一八八四）に、山形県中学校として、馬見ヶ崎川にほど近い現在と同じ場所（山形市緑町）に創設されている。明治一九年（一八八六）に山形県尋常中学校、三三年（一九〇〇）に山形県山形中学校と改称し、生徒の定員が六〇〇人となっていた。山形中学は、阿部次郎（一八八三－一九五九。哲学者、評論家。夏目漱石の門下）、三浦新七（一八七七－一九四七。文化史家、法学博士）といった著名な学者を多数輩出している。現在は県立山形東高校となり、東京大学、東北大学に多くの合格者を出す、県を代表する公立進学校として知られている。

旧制中学についても、簡単に触れておこう。

中学校は明治初期から設置され、はじめは尋常中学校という名称で呼ばれていた。尋常中学校の目的には「中級以上の職業人の養成」と「上級学校への進学者の教育」の二つがあり、そのため学校の性格があいまいであることが問題になっていた。それをふまえて明治三二年（一八九九）に中学校令が改正され、名称を中学校と改め、目的を「男子高等普通教育」のみにした。これにあわせて、実業学校令と高等女学校令が制定公布され、中等教育の三系統が確立した。高等女学校は女子の「中学校」に相当することになる。

明治三四年（一九〇一）には中学校令施行規則が定められた。これによると、中学校での履修科目は修身、国語および漢文、外国語、歴史、地理、数学、博物、物理および化学、法制および経済、図画、唱歌、体操の一二科目である。一二歳から一六歳の子どもが学ぶことを考えると、かなりの負担であると想像される。旧制中学は義務教育ではなく、授業料も安くはなかったので、進学できたのは、おもに華族や士族、そして資産家、新興富裕層の子弟たちに限られていた。

山形中学校に赴任したとき、惣治郎は二六歳。生徒たちから見れば兄のような存在に思えたであろう。教え子たちの回想がこのころの惣治郎の様子を伝えている。

「先生は物理学校卒業後ただちに山形中学の数学教師として赴任された。二七歳くらいの当時の先生が何か恥ずかしげな面持ちで教師と生徒との距離を縮めて親しんだものだ。いまだに講義のお声が相互に交錯して、その様子がなつかしく思い浮かぶ」[1]（菊地久吉）

「上級生になって先生から数学を教わった。教授ぶりはなかなか上手であったが、それはともかく、生徒の心情をよくつかみ、その訓練振りはそれにも増してなかなか堂に入ったものであった」[2]（矢野善助）

教師の権威をふりかざすこともなく、持ち前の誠実さで生徒たちの心をつかんでいた様子がうかがわれる。しかし、山形中学での教員生活は、必ずしものどかな日々が続いたわけではなかった。

教育方針への疑問

惣治郎が山形中学校に赴任した明治三十年代は、欧米諸国でよりよい労働条件や選挙権を求めて、市民のストライキや暴動が頻発している時代であった。世界史年表に掲載されているおもだったものだけをみても、一八九六年、ロシアのペテルブルク綿紡績工のストライキ。一八九八年、イタリアでパン価格高騰をきっかけに各地で暴動。一九〇〇年、イタリアで初のゼネスト。一九〇一年、ロシアのペテルブルクの軍需工場でストライキ、軍隊と衝突。ドイツでドイツ語の宗教授業に反対するポーランド人が学校ストライキ運動。一九〇二年、スウェーデンで普通選挙権を求めるゼネスト、というぐあいである。

こういった民主主義、社会主義思想、労働運動は、日本国内にも入りこんで急速に広まった。明治三〇年（一八九七）に高野房太郎（一八六九－一九〇四。労働運動家）らが労働組合期成会を設立。また片山潜（一八五九－一九三三。労働運動指導者）が主筆を務める『労働世界』が創刊されている。翌明治三一年（一八九八）には、社会主義研究会が結成された。

三二年には、横山源之介（一八七一－一九一五。社会問題研究家）の『日本之下層社会』が刊行され、また木下尚江（一八六九－一九三七。評論家、小説家、社会運動家）、幸徳秋水（一八七一－一九一一。社会主義者）らが普通選挙期成同盟会を設立している。こうした流れに危機感を抱いた山県有朋内閣は、三三年に治安警察法を制定し、警察権の拡大をはかって労働運動の発展を阻害しようとした。しかし明治三四年（一九〇一）には片山潜、幸徳秋水らが社会民主党を結成。翌年には呉の海軍工廠で職工がストライキを行っている。

この波紋は青少年たちにも及んでいた。とりわけ中等教育の現場では、西欧諸国に追いつけ追い越せという方針から厳しい詰め込み教育が横行していた。この知育偏重に反発する生徒のストライキ（授業のボイコット）が日本のあちこちで勃発していたのである。

山形中学校も例外ではなかった。生徒のストライキが起こり、校風が非常に乱れていた。それに輪をかけて悪いのは、その対処法であった。校長をはじめとする教員たちには学生ストライキを解決する意思も能力もなかった。彼らは責任のすべてを生徒に押しつけ、首謀者を退学処分にするだけで事を済ませていたのである。

これを目にした惣治郎は強い憤りを覚えた。ストライキの首謀者とされているのは、人柄も成績も優れた生徒であったり、扱いにくいところはあっても非凡な才能を秘めた生徒であったりすることが多かった。退学処分になれば、彼らには行き場がなくなってしまう。一人の人間の人生が完全に閉ざされ、また社会もせっかくの優秀な人材を失う結果となるのである。生徒の一人一人はその親にとってはかけがえのない宝である。たとえ生徒のほうに問題があったとしても、それをよい方向へ導くことが教育ではないか。その教育を行わないのであれば、何のための学校であろう。

何とかして将来ある若者をこの悲劇から救わなくてはならないと惣治郎は考えた。のちにこう書いている。

「当時最大多数の最大幸福のために一部を犠牲にするのだということが当然のことのようにいわれたが、それは私には賛成できない。私は退学者を出さないことを主義としてきた。孟子も言っている通り、至誠を以てすれば動かないものはない。こっちがまごころを以て諭せば、必ず生徒は動いてくれる。……私はひとりも棄つべき者はないという教育愛に燃えた教育を……やっていきたいと考える[5]」（遺訓「本校の教育」）

この、首謀者を退学させないという考え方は、「自己責任」ばかりが声高に叫ばれる今日においても驚くべきものである。
　また、惣治郎は詰め込み教育に対しても厳しい目を向けていた。若い修身教師が、自分の習った知識のみを繰り返す表面的な授業を行っているのを見て、これでは生徒に何も伝わらないと考えた。惣治郎の孫で千葉経済学園理事長の佐久間勝彦はこう語る。

「学生たちのストライキの原因が、学校や教師の側にあることを、惣治郎は見抜いていたのだろう。学生たちは学びたくて学校に来ているのに、その学びを豊かにするような教育ではなく、型にはめるようなやり方をとるから反発するのだ、と気づいたのではないか」

　こういった惣治郎の考えは、同志社を創立した教育家新島襄（一八四三ー一八九〇）を彷彿とさせる。
　あるとき、同志社で教師たちによる強引なクラスの合併が引き金となって学生ストライキが起こった。このとき新島は朝礼で「ストライキが起こったのは総長の自分の落ち度である」と言って、学生たちの前で自分の左手を杖で打ち続けた。有名な「自責の杖」のエピソードである。同志社創立十周年のスピーチでは、自分が不在のあいだに退学処分となった学生のことを話題にして「真に彼らのために涙を流さざるを得ず。彼らは或いは真道を聞き、真の学問をなせし人々なれども、遂に放逐せらるるの事をなしたり。諸君よ、人一人は大切なり。一人は大切なり」と涙ながらに訴えた。

新島は「学生は人間として丁重に扱うべき」で「規則を破る学生が悪いのではなく、学生が破るような規則を作った者が悪い」と主張していた。またキリスト教の観点から、知徳併行主義、つまり知育だけでなく徳育も充実させるべきという考えの持ち主であった。新島は明治二三年（一八九〇）に四六歳の若さで亡くなっているから惣治郎と直接会ったことはないはずだが、優れた教育者としてのつながりが感じられはしないだろうか。

惣治郎は数学教師であったが、かねてから『孟子』や『孔子』を学んでいたので、山形中学の現状を目の当たりにして、修身教育に関心を持つようになっていった。そして理屈ではなく実践を通して人格を高めることが必要であると強く感じた。

山形中学に赴任してすぐに惣治郎が担任になった学生の回想がある。

「佐久間先生が数学の教師として山形中学校に赴任された当時私は中学二年生だった。

……先生は私たちの組の受け持ち教師となった。そして代数を教わった。そのころ山形中学校は校長排斥など生徒のストライキが頻発し校風がひじょうに乱れていた。先生はこの実情を観察され、何とか生徒を善導し弊風を一掃し校紀を立て直さなくてはならないと深く考えられたようだ。

当時先生はまだ独身だったので寄宿舎の舎監室に住んでいらした。わたしたちは放課後ときおり先生の部屋に遊びに行ったが、儒教の話をよく聞かされた。修養の話にはひじょうに熱心で、いつとはなしに先生の感化を受け、わたしたちは先生を数学の先生としてよりも修身の先生であるように思い込み、心から敬服するようになった」[2]（渡辺恒太郎）

生徒が教師に反発してストライキが頻発していた山形中学にありながら、生徒たちは惣治郎のことを慕い、素直に言うことを聞いて感化されていたのだから驚きである。ただテストで百点をとらせればよい、知識をたくさんおぼえさせればよい、ということではなく、生徒の心を養おうという意志を惣治郎は持っていた。

その根本にあるのは、これから日本社会を担っていく若者たちをどう育てることが学校や教師のつとめなのか、という問いであろう。おそらく生徒たちはこういった惣治郎の思いを敏感に感じ取っていたのである。

惣治郎はのちに、自分が両親の意に逆らってまで教育者となった動機を「正義を天下に行わんがため」「天下の英才を得てこれを教育せんがため」であったと言っているが、教師生活を始めてすぐにこれを実行に移していたのである。

三　自彊会《じきょうかい》の誕生

「乱暴組」の担任に抜擢

こうした姿勢が評価されたのだろう、赴任三年目の明治三九年（一九〇六）、惣治郎は四年西組の担任に任命された。この学級は校内でも有名な「乱暴組」で、前の担任と生徒のあいだがうまくいかず、困っていた。そこで、校長から見込まれた惣治郎が後任として抜擢されたのである。

惣治郎は数学を教えながらも、生徒たちの精神指導に強い関心を寄せていた。そして生徒を導くには、倫理や哲学の知識ではなく、日常生活における道徳の実践こそが大切であると痛感していた。そこで、修養のために、クラス全員から構成される「自彊会《じきょうかい》」という組織をつくることにした。

会の名前は、惣治郎の信条である「自彊不息《じきょうやまず》（絶えず自分で努力し励む）」からとったものである。自彊会の活動は、次のように行われた。

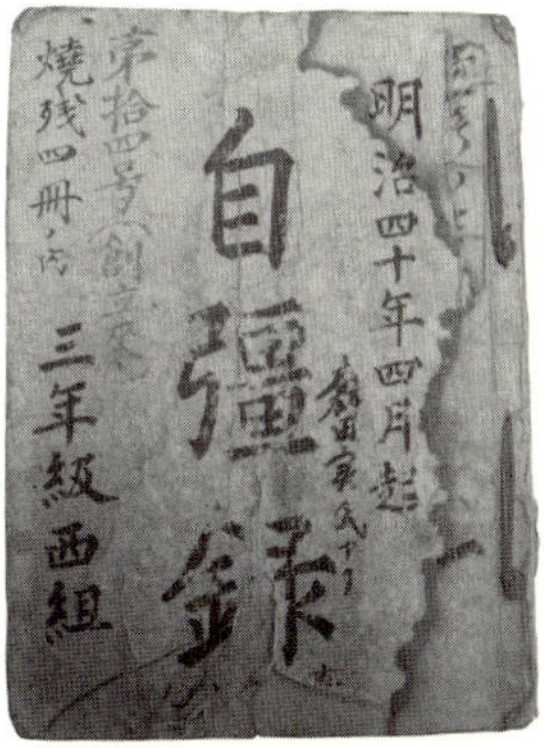

自彊録（明治40年）

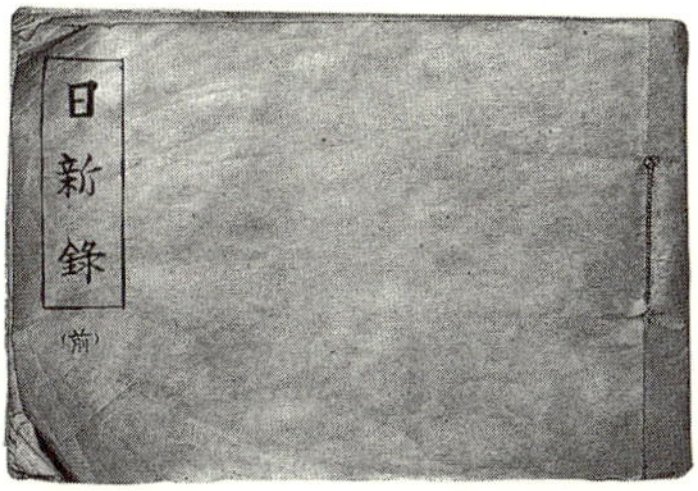

日新録

生徒は、交替で当番をつとめて団体修養の責任者となり、毎日の実践状況やその反省を、「日新録」（「自彊録」）という日誌に記録する。それを生徒同士や教師・生徒間で報告、討論して、お互いを高めあうのである。

惣治郎はこの方法を「団体的修養法」と呼んでいたが、教師が一方的に生徒を指導するのではなく、生徒が同志として互いに知識・人格を磨きあい、それに教師が助言指導を与えるところに特色があった。

当時の生徒が活動内容を思い起こしている。

「……自彊録を作り、持ち回りの当番を決め、その日その日にあった会員の善いことも悪いこともそのまま記録し、先生の批判を乞いお互いに反省し修養の実を挙げるようにした。そしてときおり発表会の

ような会合を催し、先生の訓話を聞き、会員も思い思いに自己の体験を述べ合い、向上の一助にした」[2]（渡辺恒太郎）

自彊会の活動はめざましい成果を生んだ。そして翌年の四月にはその学年全員が会員になるまでに広がりを見せた。晩年、惣治郎は、この組織の活動で学校一の問題学級がたちまち模範学級となり、自彊会とその活動は自分が山形中学校を退職したあとも長く続いたことを、しばしばうれしそうに語ったという。

またふだんから、生徒たちのあいだに問題がもちあがって担当教師や校長が解決できないでいるような場合は、受け持ち以外であっても、惣治郎の出番であった。

「先生がその渦中に飛び込んでいって先生一流の激越な調子で生徒を抑えつけ、それから諄々と真心込めて説得するのだった。おかげで山形中学の校風は改まり、何年かにわたったストライキの風潮はまったく影をひそめ、本来の質実剛健な気風を取り戻した」[2]（渡辺恒太郎）

惣治郎のやり方は、首謀者を処分して済ませる、というそれまであたりまえのように行われていた対処方法とはまったくちがっている。自己の保身などには目もくれず、生徒を守るために身を投げ出す惣治郎の姿勢には、従来の強圧的、事務的なやり方にはないあたたかさが感じられる。

惣治郎は、なによりも目の前にいる学生たちを人間として尊重し、信頼していた。そして生徒自身に生き方を考えさせて徳性を磨くという教育を行っていたのである。こんな証言も残っている。

「先生は常に我々に訓された。人間は若いうちに修養に努め人生いかに生くべきかについて精神に一本筋金を通しておかなくてはいけない。自分は儒教を信奉する者であるが、敢えて儒教に限らない。仏教、キリスト教何でもよろしい。とにかく安心立命の確固たる信念を持っていなくてはならない。これが根本だと教えられるのだった[2]」（渡辺恒太郎）

生徒を育てるためには、教師としてどのようなポジションで何をやればいいのかを、感覚的にわかっていた教育者だったのであろう。

「合一法」を考案

こうして惣治郎は、自彊会をつくって生徒の訓育を実践している。さらに本業の数学教師としても「合一法」というユニークな教授法を考案して大きな成果を上げた。

合一法の具体的なやり方は次の通りである。

八つ切りの紙をそれぞれの生徒に配り、五分から一〇分程度で問題を解かせる。できた生徒は教師のところに答案を持っていく。教師はすぐに可否の判定をし、正解ならそのまま答案を預かる。不正解のときは赤字で「再考」と書いて生徒に返し、生徒は席に戻ってもう一度解く。これを正解するまで繰り返すのである。授業時間内にできなかった場合は、教師や友人に質問したり、自宅に持ち帰ってゆっくり考えたりする。

合一法誕生には、次のような裏話がある。明治四四年（一九一一）五月、山形市北部で大火があった。県庁をはじめとして一二〇〇戸以上が焼失し、山形中学の校舎も全焼してしまった。校舎は翌年再建されるが、それまでのあいだ、市内の劇場や寺院を借りて授業を行った。大きな部屋をついたてで仕切り、いくつかのクラスを入れて授業をしていたので、ほかの教室の声がもれてきてしまう。この問題を解決するため、声を出さずに授業を行う方法として始めたのだという。

しかし、はたして本当に理由はこれだけだったのだろうか。惣治郎がのちに教育雑誌に寄稿した文章[2]（日本中学教育『数学会雑誌』昭和六年〈一九三一〉を読むと、もっと深い理由があったと想像される。

その文章によれば、それまでの試験のやり方では、生徒は試験前にあわてて勉強するので学習内容を十分に理解できないことがしばしばある。また直前に無理な勉強をして健康を害したり、なかには試験で不正を行ったりする者まで出てくる。

合一法を用いれば、ふだんの授業のなかに試験を取り入れることができる。こうすれば教師がすぐに正否の判定をしてくれるので、生徒は自分の力を自覚して、自ら勉強しようという気持ちを起こす。また集中力を養い、教室全体の緊張感を保つという効果もある。教師も、生徒の問題点をすぐに把握できるので、理解できていない生徒をそのまま放置することがなくなる。いわゆる落ちこぼれが生まれないのである。さらにこの方法であれば、試験を行っても他の教科の勉強のさまたげにならない。そして合一法の特徴として、授業と試験の合一、思考と試行の合一、慈悲と鍛錬の合一などを挙げている。

教師が生徒に知識を流し込むだけの一方通行の関係とはちがって、ここには両者のやりとりがある。合一法は、生徒が無理なく深い理解に至ることのできるすぐれた教授法ではないだろうか。また、「わかるまで教える」ということが重視されているが、小学生だったころの惣治郎自身が、授業の内容を自分が納得いくまで教師に聞きに行っていたというエピソードが思い出される。

合一法は生徒たちにも好意を以て受け入れられたようで、惣治郎に教えを受けた生徒たちの多くが、惣治郎が生徒にわかるまで何度も何度も、繰り返していねいに説明したことを証言している。

惣治郎は、山形中学を去ったあとも赴任先の学校で合一法を続けていた。合一法は、当時ほかの教師の間でも評判を呼び、小学校から大学まで広く普及した。

結婚

山形中学に赴任して約一〇年後の大正一三年（一九二四）、惣治郎は三六歳のとき結婚した。相手の貞《てい》は、千葉県芝山（現在の山武郡芝山町。成田空港の南東に位置する緑豊かな地域）の医師の娘で、明治二五年（一八九二）一一月生まれであるから当時二一歳であった。見合いもせずに婚約して山形に来たという。

三六歳は当時としては晩婚であるが、教え子の一人は、後に貞から聞いた話として「最初先生は山形赴任後、木俣牛乳店の娘をお嫁にもらわれたが、病弱でまもなく亡くなられた」[3]（宇留野勝弥）と書いているので、そのような事情があったのかも知れない。

貞との結婚は、惣治郎にとってきわめて大きな意味を持つ。これから始まる波瀾万丈の人生のなかで、貞はどんな苦難にあってもくじけることなく、力の限り夫惣治郎を支え続けたのである。貞の存在がどれほど惣治郎を助けたか、これはおいおい明らかになってゆくだろう。

こうして結婚生活を始めた二人だが、このころの貞の思い出話が興味深い。

「私どもが結婚したのは、大正三年〔一九一四〕一月一三日だった。私の生家は、主人の出生地とは四里離れた山里で、一度も見たことのない主人と結婚式を挙げすぐ山形へ行った。家も落ち着いたある日、私は二百円の定期預金と郵便通帳と女大学、貝原益軒の家道訓の本を渡され、自分は数学の教師だが精神修養という大きな道楽があるからいつ首になるかわからない。その時妻子を困らせぬようその用意なので手をつけないようにと言われた[2]」

結婚してまもない夫から「いつ首になるかわからない」と言われて、貞はどう思ったであろうか。ふつうなら本気には受け取らないかも知れない。しかし惣治郎のこの言葉は、決して冗談ではなかったのである。

惣治郎は生徒たちの訓育と数学教育にすべてを注ぎ込み、厚い信頼を寄せられるようになった。その結果、学校全体の気風まで改善するに至ったのである。ところがそうなるにつれて、こんどは同僚の教師や校長たちから妬まれ、次第に批判的な目で見られるようになっていたのだった。

惣治郎はまだ教諭心得という立場であるにもかかわらず、妥協を嫌い、どこまでも信念を押し通すところがあったので、周囲と衝突することが少なくなかった。校長の教育方針に納得できず、知事に直接訴えて騒ぎとなったこともある。教え子たちも、そのことは敏感に感じ取っていた。

「いつの時代でも林中の高木の喩えのあるとおり、知的で健全であるべき教育者の中にも嫉妬反感で解決をしたがる輩がいて先生に白い目を向け邪魔したものもいた[2]」（菊地久吉）

「教師の内では比較的新しく下級であった先生に全校の衆望が集まるにつれ、他の教師の間には先生を支持する人もあったが、一方には白眼視する人もあり、校長すらも全幅の支持者ではなかったようだ[2]」（渡辺恒太郎）

惣治郎は山形中学に一四年間勤務したが、肩書きは最後まで教諭心得のままで、待遇も低かった。本人の履歴書によれば、明治三六年（一九〇三）の赴任当時の月給が四〇円、四四年（一九一一）に四五円、大正三年（一九一四）に四七円で、ほとんど昇給していない。ちなみに公務員の初任給は、明治四四年に五五円、大正七年（一九一八）に七〇円。白米一〇キロあたりの値段をみると、明治三五年（一九〇二）に一円一九銭、大正元年（一九一二）に一円七八銭となっている。惣治郎の仕事ぶりを考えれば、山形中学での報酬は決して十分とは言えないだろう。

また教諭心得はあまり自由な立場ではないので、さまざまな束縛も受けた。これには妻の貞も苦労したようだ。

「〔惣治郎は〕卒業生在校生からはひじょうに慕われるが、気一本の性質ゆえ迫害にのみあっていた。そのうえ主人は教諭心得なので割りが悪く、なかなか意見発表など許されない。教諭心得であるがゆえに教授法も考案し（合一法）、よりよく生徒を指導せねばとつねづね心がけていた。〔正規の教諭になるための〕免許状をとらねばと受験を勧めても実力があれば〔必要ない〕と応じない。しかしその後も何かにつけ不利の点のみ多く、口には出さないがひじょうに苦しい立場がよくわかり、わたしもそれだけは苦しみ抜いた[2]」

身分や肩書きではなく「実《じつ》」が大切という惣治郎の考え方は正しいが、これを当時の公立学校のような職場で押しすすめれば、いやがうえにもさまざまな障害にぶつかることとなる。生徒たちと充実した信頼関係を築けば築くほど、上司や同僚との溝が深まる。このジレンマに苦しみながらも、惣治郎は生徒たちを思い、信じる道を進んでいたのである。貞は、惣治郎と学生たちのほほえましい光景を書きとめている。

「主人は非常に学生が好きで、〔結婚して〕私の来る前から二人監督を頼まれ共に下宿していたので、二人あるいは一人いつも世話していた。よく生徒さんたちも遊びに来られ、数時間を昔の偉人の話やら現代の事など語り合って楽しくいつも喜んでいた[2]」

四　山形中学校との別れ

教頭排斥ストライキ

惣治郎が結婚した大正三年（一九一四）は、サラエボ事件をきっかけとして第一次世界大戦が勃発した年である。八月には日本もドイツに宣戦布告しており、国内の状況は緊迫の度を深めていた。その年の一一月、のちに惣治郎が山形中学校を去る原因となる事件が起こったのである。惣治郎自身や教え子たちの回想を総合すると、この事件の顛末はおおよそ以下のようであった。

それは赴任してまだ間もない教頭を排斥するストライキであった。この教頭は英語の担当であったが、何かにつけて皮肉な言い方をするだけでなく、寄宿舎の管理などそのほかにも多くの点で、日頃から生徒たちの反感を買っていた。そして学校で開催された秋の弁論大会の際に、この教頭が辛辣な講評をしたのがきっかけとなって、生徒たちの不満が一気に噴き出したのである。

四年生に在籍する一二〇人が学校近くに集合して気勢を上げた。惣治郎ら教師たちがなんとか学校の講堂に連れ戻して話し合ったが、生徒からは強硬な意見が出るばかりで、その場は騒然となった。

惣治郎は生徒に向かって、ストライキを起こすのは間違っていることと、教頭への不満には誤解もあることを訴えた。ただし教頭の側にも過ちがある点は認め、「教師もしょせんは人間である。決して完全ではない。教頭に改めてほしい点があるならば、ストライキとはちがう手段でそれを伝えるべきである。自分は学校、教師、生徒のためを思って行動するから、すべてまかせてもらえないだろうか」と語りかけた。

これを聞いた多くの生徒は目に涙を浮かべ、惣治郎に従う様子だったが、そのなかで級長たちの表情を見た惣治郎は、彼らがまだ納得していないことを見て取った。以前、同じような騒ぎがあったときに、多数決によって強引にストライキを終結させようとして、かえって火に油を注ぐ結果となった苦い経験があったので、惣治郎は解決を急ぐのは危険であると考えた。そして時間も遅くなっていたので、とにかくその日は解散させることにした。

ただし各クラスの級長、副級長計六名を残らせ、静かな部屋で教頭と話し合わせた。話し合いのあと、級長たちは、翌日はストライキの鎮静化に努力することを約束してくれた。

そこで惣治郎と数人の教師は級長たちと翌日のことを打ち合わせた。そして夜のうちに有力な生徒たちを説得してスト回避に賛同させるということになったが、その有力な生徒として誰を選ぶかという段になって、意見が衝突した。級長たちが「自分たちに一任してほしい。ついては今日の夜は一一時まで自分たちの外出、会合を認めてほしい」と強く要望したため、惣治郎たちはやむなくそれを受け入れ、一一時までに結果を報告させることにしたのだった。

夕方六時半近くになって、校長が出張先の東京から戻ってきた。惣治郎らは、校長に経緯を説明し、生徒の要望を伝えた。それを聞いた校長は「明日ストライキがおさまったなら、処分者は出さないことにしよう」と言ってくれた。

惣治郎は数日前から風邪気味だったので、翌日のことを考えて帰宅したが、家に着いたときには、時計の針はもう一〇時半をさしていた。貞はただならぬ様子で家に戻った惣治郎を見て不安を抱いた。後にこの夜のことを次のように書きとめている。

「大正三年十一月二十八日帰宅した主人は、呼吸激しく何ごとが起こったのかと聞いても何でもないと言った。しかしわたしは辞表でも出したのかと案じていた。その矢先来客があって学校にストライキがあったことを知った[2]」

床に就いた惣治郎は、静かに思いをめぐらせた。明日、ストライキが首尾よく収まるとは考えにくい。思いっきりぶつかって、解決しなければ教師を辞め、郷里の千葉に帰って年老いた両親の世話をしよう。縁があれば戻れる日も来るだろう。すべて天に任せよう。

そして次の朝、起床してすぐに辞表をしたため、学校へと向かった。

学校では、朝から講堂で四年生全員と教頭との話し合いが持たれた。しかし昼過ぎに教頭がその場を立ち去ると、生徒たちはふたたび騒ぎ始めた。騒ぎを収めることはもう無理だ、と考えた生徒の代表者たちは、ついに弾劾書をたずさえて校長室へ向かった。

惣治郎はあとを追って止めようとしたが、彼らは言うことを聞かず惣治郎を振り切った。するとと惣治郎はきびすを返し、大急ぎで講堂に引き返して、同僚の教師たちに「生徒の代表が校長に弾劾書を提出しようとしている。われわれが最後の決断をするときだ。一刻の猶予もない」と言って壇上にかけ上がった。そして生徒たちに訴えた。「今朝、教頭先生と君たちは一堂に会して話し合った。議論は尽くしたはずだ。このうえは、私たちにすべてを任せるかどうか、二つに一つだ」。

しかし生徒たちは騒ぐばかりで、惣治郎の話をまじめに聞こうとしなかった。すると惣治郎は「私がこうして筋道立てて話しているのにわからないとは何ごとだ」と怒鳴りつけた。そして「君たちは感情に流されている。君たちに理性があるなどと期待していた私がまちがっていた。こんなこともあろうかと思い、私は覚悟を決めてきた」と言って、ポケットから紫のふくさに包んだ辞表を取り出し「山形中学での私の精神の生命は尽きた。こんな所にとどまっていても仕方あるまい。君たちが言うことを聞かないというなら、私が辞めてから好きなようにするがよい」と言うが早いか壇上から飛び降りて外に走り去ろうとした。

前のほうに座っていた級長たち十数人がこれを見てあわてて飛びだした。そして惣治郎を追いかけて、腕をつかんで押しとどめた。急転直下、ストライキは解決したのである。

生徒たちには惣治郎の気持ちはしっかりと通じていたようだ。

「先生は四年生の同盟休校のあったときなど、その心痛は気の毒なくらいで、寝食を忘れて和解に尽力して下さった」[2]（宇留野勝弥）

「たまたま四年の折に、山形中名物のストライキをやって時の教頭を排斥した。その時先生は、真に生徒を思い学校を憂えるの熱情に燃え、全力を傾けてストライキを中止させようとした。紫のふくさに辞表を包んでそれを肌身離さずに、生徒を文字通り懇々と教え諭したのであった。先生の熱情にほだされて、遂にストライキは中止された。苦いあと味を残さない明朗な解決には、今でもありがたかったと思いだしている」[2]（矢野善助）

「苦いあと味を残さない明朗な解決」。誰のことも悪者にしない、惣治郎らしい決着のつけかたであった。惣治郎自身、この騒動の処理に大きな満足感を覚えていたのであろう。貞によると「当時の風呂敷と辞表は記念に保存するように」言われたという。しかしこの記念品は、残念ながら戦災で焼失してしまった。

この一件によって、惣治郎の評判はますます高まった。教諭心得という立場でありながら、校長や教頭をしのぐ信望を父兄や生徒から集めることになった。自彊会の活動もますます盛んになっていく。

しかしその陰で、惣治郎に対する嫉妬や中傷もまた日増しに激しくなっていったのである。

大正四年（一九一五）に京都で全国教育大会が開催されたとき、ここで提出発表するために惣治郎が準備していた原稿が、妨害にあって印刷されなかったこともあったという。

山形中学校を去る日

ストライキ騒動から二年後の大正五年（一九一六）一二月、ついに惣治郎は校長から退職勧告を受けた。校長は、冬休みのあいだに上京して次の赴任先を探して、四月から転任するように、と言ったが、惣治郎はすぐに辞表を出して東京へ向かった。

じつはその直前の一一月、貞は千葉の実家で長男の彊《つとむ》を出産している。貞は出産後、惣治郎の同僚の妻から届いた分厚い手紙で夫が辞表を提出した事実を知って驚き、心を痛めた。

「大正五年二月私は妊娠し、八月の夏休みは郷里に帰り、生家で一一月一九日に男子分娩。自彊会の彊をとったらという会員の方々のお計らいで彊《つとむ》と命名した。早く肥立って山形に帰りたいと楽しみにしていたが、私が産褥熱に冒され、その後乳腺炎のため切開などをした。父が医師だったので、そのころ十人に八人は死ぬといわれた恐ろしい病魔に打ち勝った。

出産後厚い厚い手紙が同僚の奥様から届いた。急いで読むと主人が辞表を提出し直ちに東京に向かったと、その時の場面が詳しく書かれていた。

……主人は第二の故郷として、十四年間山形の方々にお世話になり、私も四年間皆様から大切にされ、主人と共に一生苦楽をともにして、少しなりとも学校のためお役に立ちたいと、皆様が昇給しても、自分は大きな心でそんなことはどうでもよろしい、ただただ山形県人の前途ある青年たちと仕事をするのが楽しみだから、と言っていたのに、〔惣治郎が〕どんな心境であるかと案じられた矢先、冬休みに赤ん坊と初対面に行くという手紙はあったが、産後の私が案じると思ったのか、辞表提出のことは書かれていなかった。

……山形の方々にせっかく自彊会の彊と命名した赤ん坊を見ていただくこともかなわず、あんなにお世話になったのにご挨拶もせずにそのままお別れするのは、返す返すも残念であった[2]」

後日、惣治郎の辞職を知った教え子たちは、惣治郎が自分たちに何も知らせずに山形中学を去ったことを非常に残念がったという。しかしもし彼らに相談すれば、惣治郎の留任を求めて、新たな騒動がもちあがることは目に見えている。教え子たちにそのような動きをさせたくない、自分のために生徒が処分されるようなことがあってはならない、という信念を貫いて、惣治郎はひとり山形の地を去ったのだった。

物理学校を卒業してからじつに一四年を過ごした山形。二六歳で赴任した惣治郎はまもなく四〇歳になろうとしていた。その間、惣治郎が正面から向き合って、ときに厳しく、ときに優しく導いたたくさんの生徒が立派に中学校を巣立っていった。生徒とともにお互いを高め合い、不正や偽善はたとえ上からの命令であっても断固としてはねつけ、日々格闘し続けた惣治郎にとって、山形はまさに第二の故郷となっていた。その土地をこのような形で去らねばならなかった惣治郎の無念はいかばかりであったろうか。

しかしこの一四年間は、決してむだな年月ではなかった。惣治郎の始めた自彊会の活動は、その後も長きにわたって卒業生たちが日本の各地で継続していった。

そして教えを受けた生徒たちの胸には、惣治郎の面影と教えがしっかりと刻みこまれていたのである。

「佐久間先生は、当時お年が三十歳台の働き盛りであったが、背は低く、顔浅黒く、血色よく、あごひげをたくわえて居られ、数学の先生というより儒学者とも思える風貌をそなえられ、その説くところ常に孔子、孟子の道であったので、誰いうとなく、我々は佐久間象山と呼んでいた。勿論自彊会なるものが存在し、先生発案の反省録ともいうべき日新録を書かされた記憶がある。私は常に組長をやらされていたので、生徒と先生との間の橋渡しをやらされていたものであった[3]」(宇留野勝弥)

「我々が人生の正常なコースから大してそれずに歩むことができたのも、一番大切な時代に先生からこの愛の鐘を打ち鳴らされ、これに耳を傾けたことによると今でも喜んでいる。先生は実に熱情の人であった。数学の先生ではあったが冷たいところが一つもなかった。先生は信念の人であった。人にへつらったり曲がったことをすることを極端に排した。先生はまた奉仕の人でもあった。人のため世のためとあれば一身をかえりみる暇のない人であったのである[2]」(矢野善助)

「佐久間先生は……いわゆる精神教育に独特の持ち味があった。日頃から孔子、孟子の教えに脱線するのが常であった。ことに四年、五年のとかく屁理屈をこね回す上級生への道徳教育には実に熱心で、教室でも担任の数学はそっちのけにして諄々と説教してきかせたものである。……瞼を閉じると黒々とほおひげを生やした小柄な先生が教壇に立って私たちを見渡している姿がありありと浮かんでくる[2]」（宇留野勝弥）
惣治郎がこの地に蒔いた種は、みごとに実を結んでいたのである。

五　東京へ

赤坂中学校、精華高等女学校で教える

大正六年（一九一七）は、ロシアで革命が起こり、ソヴィエト政権が樹立された年である。惣治郎はこの年に上京し、私立赤坂中学校で数学の講師として働き始めた。このとき四〇歳になっていた。

赤坂中学校は、高等商業学校予備門として明治二四年（一八九一）に創立された。高等商業学校（現、一橋大学）への進学を希望する学生たちを受け入れる名門進学校であった。高等商業学校とのつながりはたいへん深く、設立メンバーには教育者の矢野二郎（一八四五－一九〇六、元幕臣、駐米代理公使をつとめたのち、高等商業学校長）らが名を連ねる。

もともとは麹町区大手町一丁目一番地（現在の千代田区大手町一丁目）にあったが、ちょうど惣治郎が赴任する大正六年（一九一七）に赤坂区中ノ町八番地（現在の港区赤坂六丁目）

に移転、名称も私立赤坂中学校に改称した。ちなみに赤坂中学校は、昭和四年（一九二九）に日本大学の付属校となり、翌年から日本大学付属第三中学校となっている。昭和二三年（一九四八）に日本大学第三高等学校を併設した。現在中学、高校とも校舎は町田市に移転しているが、赤坂の学校跡地前の道は、今も日大三高通りと呼ばれている。

さらに、高等商業学校の設立に深く関わった人物のひとりに渋沢栄一がいる。商人に学問は不要と言われていた時代に、渋沢は商業教育の必要性を強く訴えていて、商法講習所（現、一橋大学）など多くの学校の設立にかかわっている。学長の矢野二郎とも親しかった。矢野は明治一九年（一八八六）に共立女子職業学校（現、共立女子大学）の発起人となっていて、渋沢はその設立資金も援助している。後に惣治郎の教育精神の基本となる「論語と算盤」の精神を説いた渋沢栄一との最初の出会いは、間接的にではあるが、このあたりにあったのかも知れない。

惣治郎は赤坂中学校で四年あまり教鞭を執る。ここでも、生徒の訓育に熱心に取り組んだようで、風矯改造青年協会をつくり、赤坂中学の卒業生などを自宅に集めて会合を開いた。生まれたばかりで身体の弱かった彊をかかえ、十分な収入もないときであったから、貞はずいぶん苦労したようである。「よく夕飯を出すので経済的に容易ではなかったが、第二の故郷の山形を去った主人のうさばらしと思い、喜んで皆を迎えた。ある時は、この協会で音楽会を催し詐欺にあい出演者に支払う出演料を持ち逃げされ、執達吏に諸道具を封印されたこともあった」[2]と述べている。

風矯改造青年協会では、大がかりな講演会も催した。

「東京の神田青年会館において中野正剛先生や島田三郎先生を迎えて風矯改造青年協会に関する大講演会を開催したところ、聴衆は近来にない満員で盛況を極めた。この演説会において先生〔惣治郎〕も演壇に立たれ大熱弁をふるわれ、この熱弁は一般聴衆にも非常に感銘を与えたものである」[2]（久保田由五郎）

ここに名前が挙がっている中野正剛（一八八六－一九四三）は、福岡県出身の政治家である。新聞記者を経て衆議院議員となり、革新倶楽部、憲政会、立憲民政党で活躍。東方会をつくり民間の全体主義運動を推進した。日米開戦後、東条英機首相と対立して内閣倒閣容疑で逮捕され、釈放後に自殺した。

島田三郎（一八五二－一九四三）は、幕臣の子として昌平坂学問所、大学南校などで学んだ。『横浜毎日新聞』に入社するが二年後に退社して元老院書記官となる。その後大隈重信らと立憲改進党の創立に参加し、衆議院議員に当選。のち副議長、議長も務めた。キリスト教的人道主義の立場から、足尾鉱毒事件、廃娼問題、日露非戦論などで活躍した。雄弁家としても知られる。

惣治郎は自分のつくった会の集まりに、なぜこのような有名人を招くことができたのだろうか。

じつは惣治郎は私立学校講師という比較的自由な立場を利用して、対外的な活動も精力的に行い、授業のない日は学校に行かないで「名士訪問」をしていた。そして教育・政治界の著名人たちと交流を持っていたのである。これらの名士たちのなかで惣治郎が最も尊敬し影響を受けたのは、やはり嘉納治五郎（一八六〇－一九三八）であろう。惣治郎は嘉納の中等教育会に参加し、徳育や数学教育の改善について発表もしている。

嘉納治五郎との出会い

嘉納治五郎は、万延元年（一八六〇）、現在の兵庫県に生まれた。幼少時から漢学に親しみ、一〇歳のときに明治政府に招聘された父とともに上京する。開学したばかりの東京帝国大学で政治学、理財学、道義学、審美学を修め、卒業後は学習院で教鞭を執った。自分の虚弱な体質をなんとかしたいと考えて、東京帝国大学在学中に天神新楊流柔術を始めた。これにさまざまな柔術を取り入れて改良し、明治以降衰退していた柔術を柔道として確立し、世界に広めたのである。

明治一五年には講道館を設立した。

明治二一年（一八八八）に柔道は旧制中学校の授業で採用された。四二年（一九〇九）には嘉納は日本人としてはじめてのＩＯＣ委員になっている。これらの功績により、嘉納は「柔道の父」「日本の体育の父」とも呼ばれる。

こうした経歴から、嘉納は、現在はもっぱら柔道の創始者として有名だが、教育者としても多大な功績を残していている。文部省参事官や高等師範学校長などを歴任しているほか、旧制灘中学校（現、灘中学校・高等学校）の設立にも関わった。

また嘉納は渋沢栄一とも親交があった。明治一二年（一八七九）に、米国のグラント将軍が来日したときに、嘉納は渋沢の依頼を受けて、渋沢の飛鳥山別荘「曖依村荘《あいいそんそう》」（現在、渋沢史料館となっている）で柔術を披露しているのである。一方、渋沢は三四年（一九〇一）に講道館の幹事となっている。

大正六年（一九一七）当時、嘉納は高等師範学校長、臨時教育会議委員などをつとめていた。嘉納は惣治郎より一七歳年長であるから、このころは五〇代後半であった。

経歴上は輝かしいエリートに見える嘉納治五郎だが、その生涯をたどると、意外なことに惣治郎と似通った点があることが浮かび上がってくる。嘉納は高等師範学校長を計三回つと

嘉納治五郎から
贈られた書

めているが、はじめの二回は辞職させられている。その原因は、相手が文部大臣であろうとも、嘉納が決して自分の主張を曲げなかったことにあると言われている。また、明治維新後の学校で訓育がおろそかにされていることを深く憂慮し、その原因は当時の社会状況だけでなく、学校という組織のシステムにもある、と論じている。

嘉納は「教育は、一人の人のなせることが、その一生の間にさえ何万人にもその力を及ぼし、さらにその死後、百代ののちまでも、その力を及ぼすことができる」として、進歩した社会では、政治、軍事よりも教育が尊ばれるべきで、そのためにはすぐれた人材を教育界に採用しなければならないと考えた。

また「自分の力を尽くしたことによりて、教育を受けた者に満足を与え、また彼らの父母、兄弟等からも喜ばれる。すなわち自分の成功は同時に他人の成功をも助けて、その満足を得るのである。それが教育の楽しいことの一つである」ので、このことをしっかりと理解した教師は「ほかからうける待遇などは、比較的軽く考えるべきであり、人から重んぜられるからその職に満足するにあらずして、自らその職の重大なるを信ずるが故に、進んでその職に就き、人から物質上の優遇をうけるが故にあらずして、自ら楽しいが故にこれに従うということになる」と述べる。

さらには「人の師たるものは、すべからく子弟にその範を示すべきである故に、その身の修養上、一段と深き注意を払わなければならぬのである。さらに知識においても、己のたしなみとしてある学科を修めるのと、人に伝えるために学ぶのとは、自ら注意の点を異にすべきである。また人の教師となるものは、薫陶、教授の方法について工夫しなければならない。その方法が当を得れば、訓育・教授の成績は当然上がってくる。故にこの方法の研究も絶えずやらなければならない」とも書いている。嘉納の訴えるところは、まさに惣治郎の主張と多くの点で一致しているのである。

惣治郎が嘉納を尊敬したのは、嘉納がそれまで勝ち負けのみを重視してきた柔術に、人格形成のもととなる徳育を加えて「柔道」をつくり、また私立学校弘文学院（中国からの留学生のための教育機関。宏文学院とも書く。作家魯迅もここで学んだ）を創設したからだ、と言われている。

こう考えれば、惣治郎と嘉納治五郎が互いに尊敬しあい、昭和一三年（一九三八）に嘉納が七九歳で亡くなるまで、親しい関係を続けたことも驚くにあたらないのである。

このころ惣治郎が雑誌『中等教育』に寄稿した文章がいくつか残っている。

大正一一年（一九二二）七月に発表された「学校と家庭との連絡」では、教師が生徒の父兄と連絡を取り合うべきケース（生徒の生活態度に問題がある、父兄の教育方針に問題がある、父兄に何らかの注意喚起をする必要がある）、またその連絡方法（父兄会、印刷物、電話、家庭訪問など）と手順を、微に入り細に入り、つぶさに紹介している。若い教師たちには大いに参考になったことだろう。

この記事のなかに次のような興味深い記述がある。家庭訪問について述べているうちに、思わず筆が動いてしまったようである。

「〔家庭訪問は〕学校としても、生徒の個性の観察、生徒を囲繞せる周囲の事情を究むるには最も適法である。しかし学校によっては、これを厳禁するところもあるという。その理由は教師と父兄とが直接学校外において接触するは弊害ありという独断である。これは学校が秘密主義を生命とする所から、教師に家庭へ出かけられては私営事業の畑を荒らされるという猜疑《さいぎ》の目と、公私の混同から、家庭訪問を封じているらしい。畢竟《ひっきょう》学校を私腹を肥やす機関と心得るところから発する見地ではあるまいか。果たしてしからばゆゆしき大事である。

公立中学校長にしても教師の家庭訪問を嫌うことがある。これは校長が教師と父兄との握手を恐るるのである。なぜに恐るるか。これは校長の人物が小さいからである。ここに吾人は現代の校長級の人物の払底を悲しまずには居られぬ。何ごとにも利弊のともなわぬことはない。利を弊より多からしめればよいのである。弊を怖れて施設をなさざるは職をむなしくするものなり。進歩ができようはずがない。

今はただ家庭訪問の一事について述べたが、一事は万事である。そのような校長管轄にまかせては、部下優良職員の手足を束縛し去勢して、不徹底なる愚にもつかざる学問の切り売りと、不自然なる試験勉強をさせるにすぎない。人物教育などは思いもよらぬことである。これが明治以来学校内における徳育不振の一因である[2]」

翌大正一二年（一九二三）四月、五月に掲載された「訓育の改善」では、惣治郎は、明治維新後、学校で訓育教育がうまく機能しないのは、教育者以外の有力者の責任であると手厳しく批判する。

「やっているべきはずでちっともやっていないのが、この道徳上の訓練であるといっても、実は過言ではあるまい。これが学制領布以来の日本の教育界の最大欠陥である。

……この五十年間、徳育上の訓練の実施されたる形跡の認むべきものなく、その結果近頃しきりに徳育上の破綻が暴露して、知識階級、有産階級、貴族階級の収賄疑獄、変節乱倫が続出し、綱紀は退廃を極めるという、誠に戦慄すべき状態にあるのみならず、道徳上の訓練機関を有せざる空虚にして、不健全なる国民の精神生活の内外には、思想上の種々の危険なるバチルスの発生し、蔓延するのところあることは、あたかも防疫機関を有せざる未開国に虎疫の伝播するごとくであろう。

もちろん危険思想や過激思想の発生には、社会制度の欠陥も大きな原因をなすであろうが、吾人の見るところは、国民の道徳教育を改善し充実して、立派な品性を備え、国民としての自覚に富んだ国民性を作り上げたならば、国運の発展の為であれば悪制度の改良も、各階級から互いに譲歩して円満に解決されるという結論に達するのである。政治論として、口角泡を飛ばして敵味方になって熱狂して騒ぐ運動家はきわめて多い。それにも一理はあろうが、根本的に国民の品性の向上に力こぶを入れる運動家の、ほとんど聞こえないのはどういう訳であろうか。

もちろんかかる根本的の問題は、当面の政治問題の如く花々しくないのと、目前の利害関係が生じないせいかもしれぬ。なに専門の教育家でさえ、君の難ずるように道徳の訓練を怠っているのではないかと、逆襲されるかも知れぬが、教育者が過去においてこうなったのも、実は過去の有力者、つまり実業家、政治家、権力者の責任であるとも考えられるのである。

例えば教育会議の議員のごときも従来政治家、実業家、軍人、官吏がほとんど独占して、きわめて少数の大学長くらいが末席に列したに過ぎなかったではないか。教育の方針や徳育などを議するには、実際に当たっている教員らからぜひとも広くその意見を徴せられるべきはず、またそのなかの幾人かは議席に列すべきが当然であるべきに、門外漢や実際に疎き人々や、ちょっと欧米教育の皮相を眺めて帰朝した学者だけで教育の方針を議決するという、珍妙な機関が生み出した教育制度の結果であることを思えば、這般《しゃはん》の責任の大部分は、教育者よりもむしろ教育者外の有力者に帰すべきではあるまいか」

そして当時の教育の欠陥は、「生徒の人格の完成、個人の発展を目的として」おらず、「ただ学校の命令を守らせるための訓練」となっていることにあると断ずる。

「もし校長の人格が完全で、外部からの非教育的の掣肘《せいちゅう》がなく、その教育主義が完全に徹底しているならば、学校の方針校長の命令なるものは、被教育者たる生徒の人格の完成と矛盾はしないのであるが、もし校長たるものが人格の秀でたものでなく、その教育主義が徹底しておらず、その施設が根柢を有しないならば、学校の主義方針なるものが必ずときどきぐらつき、命令なるものもときどき矛盾するから、ついには生徒から足もとを狙われるのが恐ろしくなって、命令を守らせるよりは学校の命令が矛盾してもご無理ごもっともです、入学の当初規則を厳守しますと誓ったから、また保証人にも捺印させてあるから、間違ってもへまでも何でも唯々諾々《いいだくだく》と服従するようにあれかしといったように、生徒のただ御しやすくするということが唯一の目的になってしまう。

もし御しがたき生徒が現れもすると、これに動じては教化指導の労を払うよりも、放校するを唯一の手段とするようになる。かかる険悪なる空気、それは道理が間違えば権力でという職権濫用の気分を、傍観したる生徒はどうなるかというと、どうせ理では通らぬから、無理でも何でも卒業証書を握るまで我慢しようという、一種厭うべき卑屈なる精神がこのあいだに養われるのである。しかしこれは無意識的に忍耐力を養成しようというならば、あるいは訓育の成功かも知れないが、これに反して権力者になりさえすれば、無理でも何でも押し通して構うことはない、といったような悪感化は、将来市会議員になればこうやって構わぬ、実権を握ればああしてもよいというような結論になりはしまいか、と我が輩は憂うるのである。

したがって教育者に、こんな態度はとらせたくないのである。これは傍観の地位にあった生徒についてであったが、先刻の問題の主人公たるあの御しがたい生徒というがどんな人物であろうかといえば、その多くは後来の傑物である。故原敬氏のごときもこの種類の学生であったので、某法律学校のストライキの親分となって放校処分を引き受けたものであって、卒業の学歴をもたない傑物のひとりである。

……ただし、彼ら〔教師たち〕が御しやすくするを目的とするには今ひとつの理由がある。それは少数の教師で多数の生徒を扱うためにと応えるであろうが、ここがいわゆる浅見なる教育と、徹底せる教育との分水嶺である。多数を抑えるための圧政は行政官などにはある程度までは必要であるかも知れぬが、教育上において必要なる全部はほとんど、人格の完成にあり、というも過言ではないのである。人格の完成を主とする訓育はすべての教育の源泉であることは、つぎの経験がこれを物語るのである」

そして自らが考案して大きな成果を上げた自彊会の活動の紹介へと進んでいく。

しかし、ふつうなら自慢話の一つも披露したいはずだが、ここに書かれているのは、当番の決め方から日新録の書き方、集会や制裁の方法など、明確かつ詳細な手順だけである。曖昧なところは一切なく、これを読めば明日からでも自彊会を発足させることができそうである。


これらを読んでまず気づくのは、惣治郎の主張は机上の空論ではなく、きわめて具体的であるということだ。そこには高い問題意識を持ちながら現場で生徒たちと向き合っていた、豊かな経験の裏打ちが感じられる。

もう一点は、これらの文章が大変わかりやすく、よく整理して書かれているということである。そして他人の文章の引用などはなく、すべて自分の言葉で語っている。教えを受けた生徒たちは口をそろえて、惣治郎は「相手がわかるまで繰り返していねいに説明した」と証言しているが、文章においてもその性質が存分に発揮されているのだ。惣治郎には、人に何かを伝え、教える天賦の才があったのであろう。

この時代、惣治郎は嘉納治五郎以外にも、杉浦重剛、江原素六といった教育界の重鎮たちに私淑し、交流を持った。

杉浦重剛（一八五五－一九二四）は思想家、教育家で、近江国膳所藩の儒者杉浦重文を父に持つ。六歳から藩校で学び、一五歳のときに東京へ出て大学南校に入った。その後イギリスで化学を学び、明治一三年に帰国したあとは文部省、東京大学に勤務。二八歳で東大予備門（のちの一高）の校長に任命された。杉浦在任中の一高で学んだ学生のなかには、夏目漱石や正岡子規がいる。三一歳のときに、旧制高校進学者のための予備校、東京英語学校（その後、日本中学に改称）を創立した。のちに三宅雪嶺らと雑誌『日本人』を創刊して国粋主義を提唱した。六〇歳のときには、迪宮裕仁親王（のちの昭和天皇）の御進講役として倫理を担当している。多くの文化人から敬愛され、その交友関係は横山大観、佐佐木信綱、高山樗牛、長谷川如是閑ら画家、文筆家から、吉田茂、河野一郎らの政治家にまで及ぶ。

江原素六（一八四二－一九二二）は江戸の貧しい幕府御家人の家庭に生まれ、苦学して講武所（江戸末期に設けられた幕府の軍事修練所）の教授方となった。明治元年（一八六八）に沼津に移り住み、沼津兵学校、駿東女学校（現、静岡県立沼津西校東学校）を創設して教育に尽くしたほか、牧畜や茶の栽培などさまざまな産業を発展させた。二八年（一八九五）には東京に麻布学園を設立し、長く校長を務めた。二三年（一八九〇）に衆議院議員に当選後、亡くなるまで政治家として活躍。とくに教育問題に力を尽くした。一〇年（一八七七）にキリスト教信者となって、東京ＹＭＣＡ（キリスト教青年会）の理事長に就任していたことでも知られる。沼津市にある沼津市明治史料館は、江原素六記念館でもある。

嘉納、杉浦、江原はいずれも教育に情熱をかたむけ、大きな貢献を果たした人物である。しかし政治、宗教という面では、彼らの考え方は必ずしも一致していない。それでも惣治郎は何のこだわりもなく彼らを尊敬し、親交を深めたのである。本質的な部分で優れた人間性を持っていれば、思想、信教の相違などに気を遣うことはなかったのだろう。

また惣治郎は「向上会」という会の創立に参画して、私立中等学校職員の待遇改善運動の推進にも一役買っている。向上会は、東京府下の私立中学校の職員有志で組織され、その運動によって東京府から私立学校職員の給与費に対する補助金を獲得したりしている。惣治郎は幹事としてその活動の中心にあった。惣治郎の書いたもののなかには、「向上会は一種の同業組合ではあるが、これは屋外で示威運動はしないこと、徳育の改善、風紀指導、教授法試験法の改良につき調査研究をすること、学校経営者から十分諒解せられることなどが必要である」などとあり、当時の惣治郎の考え方がうかがえて興味深い。

さらに惣治郎は、東京でも山形中学校の卒業生で組織された自彊会を主宰して機関紙『自彊』を発行していた。雑誌の題字は、交流のあった文部次官田所美治の手になるもので、字をもらったときには惣治郎はたいへん感激したという。山形時代の教え子たちが自宅に遊びに来ることもよくあったが、惣治郎は彼らをとても喜んで迎えた。

「山形の卒業生で東京在住の方々がお見え下さるようになり、山形自彊会本部の事務を東京支部の私どもで処理するようになり、大正六年十二月三十日には自彊会誌も発行されている。会員では、その後東大の医科法科慶応の医科をご卒業、あるいは在学中であった長岡さん、宇留野さん、国井さん、瀬川さん、真田さん、深瀬さん、庄司さん、渋谷さん、高内さん、そのほかがよくお訪ね下さり、また地方の皆様からは細々とお便りをいただき、山形は去っても皆々様のご厚意でその日その日を楽しく過ごすことができるようになったことを、非常に感謝していた」[2]（佐久間貞）

赤坂中学校で惣治郎から教えを受けた生徒はこんな証言を残している。

「先生が私の郷里の隣村須賀村出身であり遠い親戚関係であることがわかり、わたしは先生を赤坂区新町五丁目の自宅に訪問した。このときはじめて先生の風貌に接した。最初の感じは学校の先生というよりも教育政治家という感が深かった。わたしは先生に自分の抱負を打ち明けた。すると先生は頑張ってやるようにと激励してくださり、わたしの心中では血湧き肉躍る感じがした」[2]（久保田由五郎）

しかし、赤坂中学校での生活も長くは続かなかった。惣治郎の妥協を許さない校風改革に学校関係者たちからの批判が集まり、次第に排斥されるようになっていった。そして四年あまりでまたもや辞職せざるを得なくなったのである。教え子である久保田由五郎の回想を読むと、赤坂中学での状況は山形中学のそれと驚くほど似ている。

「先生は……数学の教科を担当していたが、数学の教授はもちろん、修身教育としては自彊の精神、また校風の改革を企図してさかんに学校改革に邁進しておられたので、赤坂中学校の生徒からは慈父の如く親しまれるようになったが、一方学校の理事者からは先生の校風改革が禍をなしたためか、にらまれて排斥されるようになり、……先生はついに赤坂中学校を退職せざるを得なくなった」[2]（久保田由五郎）

大正一〇年（一九二一）の四月から、惣治郎は私立精華高等女学校の数学教授に就任した。この学校は、明治二二年（一八八九）に、女子の独立学校として、淀橋区角筈（現在の新宿駅西口バスターミナル前あたり）に開校している。キリスト教系の学校で、三一年（一八九八）ごろには内村鑑三（一八六一－一九三〇）が校長を務めたこともある。四一年（一九〇八）に精華高等女学校と改称した。その後移転し、現在は男女共学の東海大学付属望洋高等学校となって、千葉県市原市にある。

幻に終わった私立学校開設

ちょうどこのころ、惣治郎は、自分の理想の教育を実現するために、私立学校の創設を計画していた。明徳中学校という名前まで決まっていた。どのくらいの規模の学校で、どのような教員を集め、どんな教育をしようとしていたのかといった詳しいことについては、残念ながら記録が残っていないのでさだかではない。しかし、尊敬しかつ親交のある嘉納治五郎、杉浦重剛、江原素六といった人々からの後援を得て、資金の調達についても、ある程度の目処はつきかけていたらしい。

だが、明徳中学校開設の夢は無残にも打ち砕かれた。大正一二年（一九二三）九月の関東大震災で、せっかく進めてきた計画の実現は不可能になったのである。震災の前月に精華高等女学校から退職を言い渡されていた惣治郎の失望は大きかったに違いない。

震災後の一一月、惣治郎は群馬県の前橋中学校教諭として再び公立学校へ戻ることになった。このとき、四六歳になっていた。

前橋と木曾での暮らし

群馬県は北に三国山脈、東に足尾山地、南西に関東山地を擁し、美しい自然に恵まれており、南東部は関東平野に続く低地となっている。江戸に近いために、近世には譜代大名が配置され、主要交通路にそって天領や旗本領がそこかしこに設けられていた。明治四年（一八七一）の廃藩置県を経て、九年（一八七六）にはほぼ現在の形の群馬県となった。県庁ははじめ高崎市におかれたが、その後前橋市に移っている。

古くから農業が盛んで、養蚕業のほか畜産、工芸作物、野菜の栽培が有名である。明治時代の群馬県で目を引くのは、英学校（英語を教える学校）とキリスト教の隆盛である。明治一七年（一八八四）から二三年（一八九〇）までに二四もの英学校が前橋、高崎を中心に設立された。

これは群馬県におけるキリスト教の広がりと深い関係がある。群馬県は、全国的に見てもキリスト教がさかんで、明治二一年（一八八八）の信者数は東京、大阪、神奈川、兵庫につづいて第五位の多さであった。

その理由としては、蚕糸を外国に輸出していたため、欧米とのつながりが深く、そのため関係者の間でキリスト教への関心が高かったこと、同志社を創設した新島襄が安中藩士の子で（本人は江戸生まれ）、欧米から帰国後安中で伝道したこと、などが挙げられる。都市部のみならず農村部にも教会が建設され、プロテスタントだけでなくギリシア正教も布教活動を行っていたという。キリスト教徒たちは、社会運動の面でも無視できない存在となった。

彼らの働きかけで、明治一五年（一八八二）に県会で「娼妓廃絶の建議」が可決された。二六年（一八九三）にはこれが実施され、群馬県は日本初の廃娼県になったのである。

県庁所在地の前橋市は県中東部に位置している。古くは厩橋《うまやばし》と称し、東山道の宿場町であった。明治維新後に県庁所在地となってからは、県の行政、経済の中心地になった。江戸時代より養蚕、製糸業が盛んで、明治三年（一八七〇）には日本初の製糸工場がつくられて、横浜港の開港によって生糸の輸出が増大したこともあり、大いに栄えた。前橋公園、敷島公園、上野国分寺跡、二子山古墳など国指定の史跡も多い。市の西部を、日本最大の流域面積を誇る利根川がゆったりと流れている。

前橋中学校は明治一〇年（一八七七）に第一七番中学利根川学校として創立された。その後明治三四年に群馬県立前橋中学校と改称した。卒業生のなかには詩集『月に吠える』で知られる詩人の萩原朔太郎（一八八六－一九四二）がいる。惣治郎が赴任したころは、学校は東群馬郡紅雲町分村（今の前橋市紅雲町）にあった。現在は前橋市文京町に移転し、県下トップの進学校群馬県立前橋高校となっている。しかし当時は前橋中学の生徒たちもご多分に漏れず血気さかんであったらしく、大正一〇年（一九二一）、一一年（一九二二）にあいついで学生ストライキを起こしたという記録がある。

惣治郎は、大正一二年（一九二三）の一一月一日から前橋中学で教えるため、当地へ赴任した。妊娠中の貞は長男彊、次男高明の二人の子どもとしばらく東京に残った。翌一三年（一九二四）二月に三男弘太を出産し、翌月から一家で前橋に暮らし始める。

惣治郎がここに在職したのは二年あまりにすぎないが、この間も教育へのひたむきな姿勢と情熱が変わることはなかった。大正一三年（一九二四）八月には、徳育の刷新ならびに実行方法について、時の岡田良平文部大臣に建白書を上申し意見を申し立てている。

このころ長男の彊は小学校の低学年で、前橋で過ごした日々を印象深く記憶している。

「利根の清い流れ、赤城榛名の美しい山肌、遠い浅間の不気味な煙、そうした自然に囲まれた前橋は、当時小学校二、三年であったわたしにとっても忘れがたいところであった。学校では、写生と綴り方が盛んであって、わたしはひまさえあれば、この自然を題材にして写生をしたり、綴り方を書いたりした。わたしの作品の一つ一つをみるのが、父にとってひじょうな楽しみのようであった」[5]（「創立者の思想とその生涯」）

貞も、短い間ながら木曾へ転任するまでの二年間の、ささやかながら平穏な生活に満足していたようである。

「住み慣れた東京を大正十三年三月下旬に引き払い、前橋に借家した。四月には彊を桃の井小学校に転校させ、二月に生まれた弘太とも親子五人ささやかな生活を始めた。彊も二年間立派な先生につき学科も向上し、よいお友達もたくさん出来て喜んでいた。主人が木曾中学校に転任することになったので、先生もお友達も非常におしんで下さり、また弟の高明も入学したばかりで桃太郎さんのお話がよくできたと先生のおほめのお言葉をあとに、お別れとなった。前橋では雄大な山々を眺めながら子ども本位で過ごした。四月三〇日前

前橋中学校時代の惣治郎と家族

橋健児に見送られ、上州の山河に別れを告げ、十五年五月一日木曾中学に赴任した」[2]（佐久間貞）

大正一五年（一九二六）四月、四九歳の惣治郎は、長野県木曾中学校へ転任となった。このとき惣治郎は、奏任官待遇に昇格し、転任後まもなく教頭になった。奏任官というのは、大日本帝国憲法下の高等官の身分の一つで、親任官、勅任官に次ぐものである。

長野は群馬の隣県ではあるが、県の面積が広大で、しかも惣治郎の赴任した木曾は岐阜県寄りにあるので、ずいぶんと長い距離を移動したことになる。長野県は県全体の八五パーセントを山地が占めていて木曾も山深い土地である。それまで山形、前橋と県庁所在地で暮らしてきた惣治郎一家にとっては人里離れたさびしい場所と感じられたであろう。

しかし木曾は、御嶽山や日本百名山のひとつ木曽駒ヶ岳をのぞむ景色の美しい土地である。歴史も古く、木曽川に沿って中山道が走り、現在の木曽町内には福島宿と宮ノ越宿がある。木曾義仲の生地でもあり、義仲にまつわる名所旧跡も数多く残る。

惣治郎が赴任したころ、長野県では自由大学運動がさかんであった。大正一二年(一九二三)に上田の農村部の青年たちのために、哲学者の土田杏村(一八九一−一九三四。思想家、評論家。西田幾多郎に師事した)が中心となって農閑期に講義を行ったのが始まりであった。場所は神職合議所の大広間であったという。その二年前に土田は『信濃自由大学趣意書』を執筆した。そのなかで「学問の中央集権的傾向を打破し、地方一般の民衆が産業に従事しつつ、自由に大学教育を受くる機会を得んがために、総合長期の講座を開き、主として文化的研究をなし、何人にも公開することを目的」とする、としている。

講師陣は土田をはじめとして恒藤恭(一八八八−一九六七。法哲学者。第二次大戦後に大阪市立大学長となる)、タカクラテル(一八九一−一九八六。社会運動家、小説家、戯曲家、評論家)、出隆(一八九二−一九八〇。哲学者)、大脇義一(一八九七−一九七六。心理学者)、今中次麿

（一八九三－一九八〇。政治学者）、波多野鼎（一八九六－一九七六。経済学者、政治家）、新明正道（一八九八－一九八四。社会学者。東北大教授）、金子大栄（一八八一－一九七六。真宗大谷派の僧）、谷川徹三（一八九五－一九八九。哲学者。のち法政大学総長をつとめる）、松沢兼人（一八九八－一九八四。社会運動家、政治家）など、多岐にわたる錚々たる顔ぶれであった。

この自由大学運動は、隣接する新潟県、群馬県などにも波及したが、昭和に入ると衰退していく。

木曾中学校は大正一二年（一九二三）に設立されたばかりで、惣治郎は教頭として昭和三年（一九二八）九月まで二年半在職した。木曾中学校はその後、木曾西高校、木曾高校と名称を変えていくが、二〇〇九年三月に閉校となった。

ここでの日々は惣治郎の生涯のなかで、もっとも平穏であったかも知れない。貞の回想からもそのことがよく伝わってくる。

「木曾は立派な御料林の山々が連なり、町の真ん中には木曽川が流れており、山の中腹に中学校が、御料林の山のふもとに小学校があった。五月になると桜梅桃が一時にほころぶので実に美しかった。転任まもなく主人は教頭になったので、毎日を忙しく元気で山の上にある中学へ上ったり下ったりしていた。借家には畑も着いていたので、大喜びで幾年ぶりかで鍬をもち、上手にいろいろ作って喜んでいた。木曾は住みよいところで、学校の空気も、教育も熱心な県ゆえに非常にたのしく、例の日新録によって指導していた[2]」

家庭においては、次男高明が小学校に入り、その下に弘太が生まれていた。大正一五年（一九二六）には長女光子が誕生するが、悲しいことに生後二二日目に亡くなった。東京から遠く離れた山の中の町で、家族たちもはじめは心細く思ったが、住めば都で、まもなくここの風土や人情にもなじんでいった。

しかし、こうして慣れ親しんだ木曾とも、ほどなく別れることになる。

惣治郎の郷里では、父の徳太郎はすでにこの世を去っており、しばらく前から母がひとりで暮らしていた。毎年夏休みには、必ず一家そろって帰省していたが、すでに七〇歳をこえていた母は、惣治郎一家が近くで暮らすことを望んでいたのである。そこで惣治郎は、千葉県への転任の希望を出した。その結果、嘉納治五郎の推薦などもあって、母の死後になってしまったが、千葉県立大多喜高等女学校に転任することになったのである。

惣治郎の転任を聞いて驚いた木曾中学の生徒の代表が自宅までやって来て「あと一年でもいいから木曾にいらしてください」と涙ながらに訴えたという。長男の彊は、家の門の前にたたずんでいた生徒代表の沈んだ顔と、すでに発令になったのに思いとどまろうかと迷って、奥の座敷で考え込んでいた惣治郎の姿を、後々まで覚えていた。

六　大きな転機

千葉県立大多喜高等女学校校長

大多喜は、千葉県房総半島の南東、勝浦や小湊の内陸にあって、徳川四天王のひとりである本田忠勝が城を築いた古い城下町である。養老渓谷をはじめとする豊かな自然に恵まれ、春はツツジ、秋は紅葉が来る人の目を楽しませ、今も風光明媚な町として名高い。当時はまだいすみ鉄道（このころは夷隅軌道と呼ばれていた）が通じていなかったので、惣治郎一家は房総線の大原駅でバスに乗り換えて赴任した。

大多喜高等女学校（現、大多喜高等学校）は、町立の実科女学校から県立に移管されて高等女学校になったばかりで、昭和三年（一九二八）九月、惣治郎はこの初代校長になったのである。校舎の増築や整備などで、惣治郎は着任早々忙しくしていた。高等女学校とは女子の通う旧制中学校に相当し、一二歳から一六歳の生徒が学んでいた。

じつは惣治郎が赴任する直前の昭和二年（一九二七）に、大多喜中学校でひとつの事件が起きている。これは「大多喜中学校事件」として、県の歴史にも残るほど当時の千葉県の教育界を大きく揺るがせるものであった。

同校の校長手塚岸衛は自由教育の信奉者で、もともと千葉師範学校附属小学校の主事を務めていたが、昭和元年（一九二六）に大多喜中学校の校長に異動となった。これは左遷人事であった。

手塚は大多喜中学でも自由教育を推し進め、教壇を取り払い、一斉授業をやめ、週五時間の自習時間と個別学習を重視し、定期試験、成績の順位づけも廃止した。そして評価は面接試験と日常の学習態度のみで判断するものとした。また全校生徒を四つの組に分けて、学習、生活、スポーツなどを競い合わせたり、自治の精神を修得させるため修養団をつくったりした。

しかし、この方針を受け入れて積極的に学習する生徒は少数派であり、ほとんどの生徒は授業中に遊んだり、なかにはたばこを吸ったりする者までいた。教師たちはそれまでの画一教育になれていたので、どうしてよいかわからず、まったく仕事をしない者もあったという。

この結果、学校の学力は低下し、昭和二年（一九二七）三月に卒業した生徒のうち、進学希望者八名全員が不合格になった。生徒や父兄は、これが手塚の自由教育のせいだとして、反感を募らせた。

昭和二年四月、五年生全員が町内の神社に集まり、「校長は出勤時間が不明確で、週の大半は自由教育宣伝のために出張し、生徒や教師への監督が不十分で、多くの非行者を出し、学力を低下させた」として、自由教育廃止の嘆願書をつくり、血判を押して、翌日代表者がこれを県庁に提出した。

またその三日後には校門前にピケを張り、登校する下級生に呼びかけてストライキを起こした。教室や廊下の窓は木刀や石で割られ、たいへんな状況となっていたという。

学校は五名の生徒を退学処分にしたが、大多喜町長が介入して、これを解除させた。そして一連の責任をとって六月に手塚と教頭が辞任することになった。

この事件の裏には、当時の千葉県教育界における自由教育派と保守派の対立があったようで、そのあと行われた千葉県教育会の評議委員の選挙では、自由教育派が全員落選した。

この騒動を惣治郎がまったく知らなかったとは考えにくい。はたしてどのような感想を持っていたのか、興味を引かれるところである。

さて、大多喜高等女学校校長となった惣治郎は、ここでも日新録を通じて生徒の訓育に

大多喜高等女学校時代の惣治郎（前列左から３人目）

努めた。また放課後には、多忙な仕事の合間をみて、体操着に着替えて、テニスコートでテニスを楽しんでいた。近くの小学校の生徒を交えて史談会をひらき、偉人哲人の話をすることもあったという。

女学校に移ってからも、惣治郎が生徒から敬愛されていた様子は、生徒の回想からもうかがえる。

「大多喜高女は、大多喜町の高台にあり、町も一望でき景色もまことによく、清らかな夷隅川に囲まれ、学校としてよい環境にあった。広々とした庭園には、ヒナギクが美しく咲き誇り、またクローバーで敷きつめられた校長室の窓側、よく皆様と一緒に、幸福の四つ葉のクローバーを探した。先生はいつも、にこやかな笑みをたたえてご覧になっていた。

たしか先生は、私たちの二年生のときにお迎えしたように記憶している。教科では修身、教育学の講義を受けた。よくテストもされ、授業のたびと言ってもいいほどだった。一週間に二時間くらいだったが、四ツ切の半紙が気がかりだった。またときおり幾何の説明もして下さった。すぐ採点をされ、わかるまでやる方針だった。理解できない場合は幾度となく説明され、如何なる場合でも懇切な指導をしてくださった。「為せば成る」のご意志であった。

先生は、テニスが大変得意でいらしたので、よく放課後テニスクラブの方々と、暑さ寒さにも関わらず、テニスコートにお立ちになり、熱戦を交え、実に見事だった。いまだに一番深く記憶しているのは、「皆さんは克己の修養が足らない」と口癖のようにおっしゃっていたことだ。学校を出て二十幾年忘れもしない。「克己の修養」といえば先生を思い浮かべ、先生と言えば「克己の修養」と深く深く脳裏に刻みこまれている。

また先生は「日新録」を生徒日番につけさせ、朝礼で発表し、全校生徒で善、悪の統計をお取りになり、今日より明日、善の多いことを望み、一歩一歩努力して修養を積み重ね、立派な人格を築き上げられるよう、厚い尊い教えをくださった。先生のお心は、つねに至誠を以て貫く、激しい御精神であった。
先生は学校内ばかりでなく、町の公民館に於いても、いろいろと演説なさった。町民のためにもいろいろとお尽くしになられた。議題は学生だったのではっきりしないが、一般町民の人たちの集まりだったと聞いている。皆さんが恩師と仰ぎ、また慈父としてお慕いしていた。先生の信念は実に尊く、私たちの魂から永遠に忘れ去られることはないと固く信じている」[2]（三森博子）
昭和四年（一九二九）に、彊は小学校を終えて大多喜中学校に入学した。翌五年（一九三〇）には、次女久美が生まれ、一家はにぎやかになっていた。

運命を変えるできごと

こうして教育に邁進し、生徒からも町の人々からも尊敬を集めていた惣治郎に、思いもよらない事件が起こった。そしてこの事件が惣治郎の生涯に大きな転機をもたらすこととなる。

大多喜に赴任してまだ二年半しかたっていない昭和六年（一九三一）の二月はじめのことである。惣治郎は突然、県の竹田学務部長に呼び出された。そして「後進に道を開くため校長を勇退してもらいたい」と一方的に申し渡されたのである。惣治郎は「県下の中学校長の中には私より年上の人がまだ多数います。しかも私に何の落ち度もないのに後進に道を開くというのは理解できません。ほかにどんな理由があるのですか」と問い返したが、学務部長は「それは言えない。とにかく早く辞表を出してくれ」と繰り返すばかりであった。

惣治郎は、理由がないのにやめるわけにはいかないと言って、辞表提出を拒否したが、視学官（旧制の地方教育行政官。学事の視察、教育の指導監督、教員の任免などをつかさどった）のある人物から「たのむから辞表を出してほしい」と執拗に懇願され、それでは君に一応預けるからといって、辞表をこの人物に手渡した。

このことは、惣治郎の家族の心にも暗い影を落とした。貞の証言は彼らの苦しみを生々しく伝えている。

「退職の話が翌年二月頃から始まった。私は主人が学校の犠牲になって働いていたので、どうした理由かと泣けて泣き明かしたこともあった。子供たちの前ではこの問題には触れないようにと主人と心がけていたが、三月になったある日、彊が帰ってきて、お母さん、首になるってなに？　お父さんは学校を辞めるの、と言った。私はどう返事をしてよいかわからず、辞めませんよ、どうしてそんなことを言うの、と聞いた。すると学校で友だちから、君のお父さんが首になると新聞に出ていたと聞かされたというのだった。

わが家でとっていない新聞だったので、決して辞めませんよ、学校に行って新聞を借りてきましょう、と何となく動揺して言うと、彊からよしなさい、と言われて自分の愚かさに気づいた。いつもは行儀がよく、横になどならない子なのに、よほど驚いて、友人から聞かされたのがくやしかったのだろう、二階に上がり横になった。ああ気の毒に許してね、と私は心の中でわびた。父の転任で小学校を四度転校しているので、僕が中学校を卒業するまではここにいてください、といった言葉が忘れられなかった[2]」

請願による上奏

そんなとき、当時の県内務部長だったある人物が惣治郎に同情し、ひそかに人を介して、請願によって上奏することをすすめてきた。請願とは、国民が損害の救済、公務員の罷免、法律・命令・規則の制定、改廃などに関して、文書によってその希望を国会、官公署、天皇、地方公共団体の議会に申し出ることで、大正六年（一九一七）の勅令で規定が設けられた。この制度は現行の日本国憲法第一六条でも請願権として認められている。

請願によって上奏することは、国民の権利自由を保護するため、国民に与えられた最後の手段ともいうべきものであった。とはいえ、ひとりの学校長が自分の地位に関して天皇に上奏することは、並大抵の決意ではできなかった。

惣治郎は、どうすべきか悩み抜いたが、とにかく衷情を奉書にしたためた。しかしこれを発送するのに、さらに数日間迷い続けた。そしてついにあと二、三日で校長の免職が発令になるだろうという日に、中学生だった彊を連れて大多喜町から上京した。

中央郵便局でいよいよ投函しようという段になって、惣治郎はまた迷って、彊にどうするかと聞いた。すると彊は出しなさい、と答えた。惣治郎はこれに意を決して、ついに請願書を投函した。まだ幼い彊を連れて上京したのは、もし上奏したならば、一家がどのような官権の圧迫をこうむるかも知れないので、我が子にも覚悟させておこうと配慮したからであったという。

請願文は、次の通りであった。

請願要旨

公立中学校長ノ地位ヲ保留セラレタキコト若クハ督学官ノ地位ヲ授ケ賜ハリ度事

請願ノ理由

臣三十年来、天下ノ憂ニ先チ、苦節ヲ忍ヒテ思想善導ヲ唱道シ、数多ノ青年ト体験ヲ共ニシ、研鑽ヲ重ネタル指導体系ト終始一貫セル愛国ノ至誠ト信念トヲ以テ、思想国難救済ノ第一線ニ立チテ、恐レナカラ昭和維新ノ大猷ニ添ヒ、皇恩ノ万一ニ答ヘ奉ラント満ヲ持スルノ秋ニ際シ、県当局ハ突如トシテ臣カ学校長トシテ年長ニアラス、高給ニアラス、落度モナキニ、教育費削減ノ名ノ下ニ退職ヲ強要セラレタルタメニ、恩給ナキ臣ハ明日ヨリ私学校ニ落チノヒテ生活難ト闘ハネハナラヌ運命ト相成リ、斯クテハ三十年来邦家ノ為メ青年指導ノタメ鍛ヘ来レル手アルヲ以テ鶏肉ヲ割クノ笑ヒヲ蒙ムルニ等シク、思想善導ノタメ誠ニ千秋ノ恨事ト存セラレ申候。伏シテ希クハ、

陛下聖鑑ヲ垂レサセ賜ハン事ヲ

右謹ミテ請願奉候　恐惶謹言

ここで惣治郎が「地位を授け賜わりたい」と請願している督学官について、少し説明を加えておこう。当時文部省で思想善導の指導に当たっていたのが督学官であった。しかし彼らの多くは教育現場での実践経験をもたない学者や行政官だった。そのため惣治郎はかねてから、試験に合格した実力のある人材をも督学官に登用すべきであると力説してきた。木曾中学校時代には勝田文部大臣にこのことを進言したことがあったのである。

惣治郎は、県当局から退職を求められた理由を彊に語っていて、のちに彊はそのことを記している。

それによれば、当時公立中学校長のあいだには、東京高等師範出身者と東京帝大出身者、広島高等師範出身者との学閥があり、それぞれ勢力拡大をめざしていた。惣治郎は、それらのどこにも属さない、いわゆる閥外の人間であり、しかも赴任間もない新参者であった。それにもかかわらず、校長会議などで積極的に意見を発表したりしたために、官立学校出身の校長たちから煙たがられた。そしてついに官立学校出身の大御所的存在であったある学校の校長が退職させるよう学務当局に圧力をかけたらしいとのことであった。官立学校を出た校長がじっさいにそのような行動を起こしたかどうかは不明である。

しかし惣治郎は、校長会議などで教育者が自己の保身にばかり気をとられ、生徒の訓育に対する情熱と指導の能力を欠き、あちこちで起こっている学校ストライキにおいては罪を生徒に押しつけている、といって、彼らを公然と批判していたという。またお世辞を言ったり人にうまく取り入ったりすることがまったくできなかったから、おそらく学務当局からは変わり者としてにらまれていたのであろう。

惣治郎は、学閥の弊害についてこう語っている。

「私が教育界に入って第三に感じたことは、学閥の弊である。教育界は一皮むけば、学閥の権力争いが、相当に激しいのに驚いた。公立学校の校長になる人は殆んどが特定の官学出の人に限られていた。而も大校長と云われる人が教育のことを真面目に考えているかというと、そうではなく、自己の保身を第一としている人が多く、その多くは学閥の力によって其の目的を達しようとする。世間の人も、本当に地味に生徒とともに歩いている真面目な教育者よりも、地元に受けがよいとか物的施設を拡張したとかいうことで校長の品定めをする傾向が著しい。

学閥の力に頼るのだから、自分で苦心工夫して実力をつける、しっかりした教育上の主張を持つなどということはお留守にする。しかも早く校長になり、又なるべく短い期間で他に栄転したがる。そして自然権力と結びつく。こうした風潮が教育者の主流になっては、日本の教育は決してよくはならない。私は色々の機会にこの点を警告をした。案の定、私はあちこちで馘の座に坐らされた[5]」（「本校の教育」）

嘉納治五郎は、東京高等師範学校校長を退職したあとに、惣治郎に「自分の教え子は数多く中等学校の校長になっているが、残念なことには、みな教育者ではなく事務屋になってしまった」と言って嘆いたという。この話を惣治郎から聞かされていた彊は「父が公立学校長として受け入れられなかったのは、一般の校長とは反対に、教育者であって事務屋ではなかったことにあるのだと考える」と述べている。

こうして反骨の教師としての生き方を貫いてきた惣治郎だが、そのいっぽうで、木曾中学校時代の昭和三年（一九二八）には正七位を、大多喜高等女学校在任中の五年（一九三〇）には従六位を授与されている。教育者としての功績はきちんと評価されていたのであろう。

昭和六年四月十二日　【十二】

校長退職を強要され
恐れ多くも上奏す
縣立大多喜高女の佐久間氏が
縣教育界空前の事

縣學務部が小學校長及び教員異動に關し各地方の猛烈なる非難攻撃を買つてゐる折柄、
多くも上奏の一事で、請願令によつた請願書を内大臣あて書留郵便に託し
にも拘らず突然學務部長によつて退職を余儀なくされた
し學務當局は事の意外に驚き、かつ大いにらうばい

日本一の模範講義錄

上奏した　佐久

惣治郎の上奏を報じる『東京朝日新聞』（昭和6年4月12日）

惣治郎の請願上奏の記事は、『東京朝日新聞』はじめ二、三の新聞に出た。東京朝日は五段以上を割いて、惣治郎の写真入りでこの話題を取り上げている。見出しには、

「校長退職を強要され恐れ多くも上奏す　県立大多喜高女の佐久間氏が　県教育界空前の事」「露知らぬ県当局　遂に詰腹切らす　感情問題もからんで」

「県の方針に間違いはない　上奏はうわさに聞いている　石田知事は語る」

「身に一点の過失なし　佐久間氏語る」

「研究会で論争　会議で長い意見　それなども原因か」

といった文字が躍っている。

じつのところ県当局はひじょうに当惑したようである。しかし、内大臣府から文部省を通じて県に照会が来た際に、県当局は適当に回答をして処理したという。

この上奏は、惣治郎の以前の教え子たちの知るところともなった。しかし惣治郎の人となりを知っている彼らにとって、この騒動はさほど驚くべき事件でもなかったようだ。

「この佐久間先生の破天荒ともいうべき陛下への上奏は、昭和六年の初めで、私宇留野が県立広島病院にいたころ起ったことであった。風のたよりに知ったのであったが、ひたす

ら信念一途に生きる先生のご性格を知っている私であったから、きっと何か先生の身辺におきて、お困り果てられた結果、最後の手段として上奏されたのであろうと、ひとり合点していたのである」[3]（宇留野勝弥）

関東中学校へ

こうして大多喜高等女学校の校長を免職となった惣治郎は、古くからの友人である長戸路政司の好意により、同氏の経営する私立関東中学校（現、千葉敬愛高等学校）で数学教師として教鞭を執ることになった。

長戸路政司は明治一七年（一八八四）に千葉県の野栄町に生まれ、東京帝国大学卒業後、検事を経て大正二年（一九一三）に弁護士を開業した。次第に教育への関心を深め、教育こそもっとも崇高な事業であると考え、一〇年（一九二一）に八日市場女学校を開設、続いて一五年（一九二六）には千葉市に関東中学を開いた。西郷隆盛が座右の銘とした「敬天愛人」をモットーに、教育に情熱をかたむけた。

山形中学校時代の教え子で、文部省にいた高田休広（当時青年教育課長、のちに宗教局長）

と阿部広吉（官房秘書課理事官）が、欠員になっている山形県の楯岡高等女学校長に就任しては、と提案してきたのだが、惣治郎はせっかく郷里に帰ったばかりなので、また山形に行くことは難しいと辞退した。

こうして昭和六年（一九三一）四月、惣治郎一家は、大多喜町から千葉市へ居を移し、登戸市街の借家で暮らし始めた。彊は千葉中学校へ、そして弟たちは市内の小学校へ、それぞれ転校した。

校長を免官になるという大変な苦しみを味わった惣治郎は、このとき五四歳であった。公立高等女学校の校長から私立学校の一教師になったのだから、さぞかし意気消沈していたであろうと想像されるのだが、教えを受けた生徒たちの目には必ずしもそのようには映っていなかった。

「佐久間惣治郎先生が県立大多喜高等女学校の校長を辞められて関中に赴任されたのは、私が四年生の頃だった。ロイド眼鏡にあごひげの、見るからにいかめしい先生が、私のもっとも不得手な数学の先生だと言うことで、私の心胆をおびやかした。やがて先生に

「大学」というニックネームがつけられた。先生の人品骨柄が、およそ中学の先生と言う概念を遙かに超えて威風堂々たるものであったことと、当時大学目薬という薬の広告にある人物が、先生のあの特徴のあるロイド眼鏡とあごひげ、はげ上がった頭など、全体としてそれに彷彿たるものがあったからだ。そしてこのニックネームの名付け親がじつは私であることを告白して先生にお詫び申し上げたいと思う。

先生はいつもといってよいほど、授業に入る前に時事問題を捉えてひとくさりお話しになるのだった。ムチを後ろ手に胸を張って、時にはあごひげをしごきながら諄々として説き来たり説き去るのだが、それがいつしか発展し、あるいは陽明学を論じ、ついには国民思想に論及してその退廃ぶりに悲憤慷慨されているうち、鐘が鳴って時間切れのまま慌てたように倉皇として職員室へ帰られることもしばしばだった。

私は「これはいけそうだ」と心中ひそかにほくそえんだものであった。ある数学の時間ぎわに私が共産主義について愚問を発したことがあった。先生はしばらく首をかしげてだまっていらしたが、やがて「君の名は何というのだ」とたずねられて私の氏名を紙片に書きとめられた。よくよく私が先生に師事するようになった師弟の関係がこの瞬間にしっかりと結びつかれたものであると思う。

数学の不得手であった私は、ふとある悪知恵をはたらかすことになった。例によって授業に入る前に時事問題についてのお話が始まると、得たり賢しとばかり私がそれからそれへと質問を続発し、先生をつりこんで時間切れに持っていこうという策略なのだが、これがまた見事に成功して、おかげで教科書のページが遅々として進行しないことによって、私をはじめとしたアイドゥルボーイスたちがどんなにか救われた。

しかし、そんな調子のよいことばかりではない。ときにはいくら質問を発して誘いをかけてもこの手にのらないでそのまま授業を強行されることがあった。級友の目は一斉に私に注がれて、なんとかうまくやってくれといわんばかりだが、こんな時にはさすがの私も手の施しようがない。それがまた臨時試験に紙を八つ切りにしたものを、不意に生徒に配って我々をして顔色を失わせるものなのだが、悪運尽きたというか、こんなときはまったく惨憺たるもので、ついに白紙のまま答案を出すようなこともあった。

こんな風に一応は見事に私の釣り込みに乗ったと独り合点で喜んでいたが、実のところ先生は何もかも飲み込んでいらしたので、得たり賢しと心に叫んだのはむしろ先生だったのではなかったのかと考える。

先生は、教育の根本の心構えとして、次代を背負う青少年の思想をしっかりしたものにしていかなければならないという強い信念をもっておられ、そして深くそれらの青少年に期待なさるところがあったので、機会を捉えてはこのような努力を常に試みられたのだ。先生がかつて私にこのようなことをおっしゃった。「次代を背負う青少年の思想を確固たるものに引っ張っていくことが教育家としての私の使命であると思っている。それならなぜ修身科でなしに数学科の教師になったかというと、そうすることが手前味噌にならなく純粋にそれに打ち込むことができるからである」というのである。真に先生の信念に対する並々ならぬ意図と熱情がうかがわれる。

教室における先生はいつもむっつりとしていた。私の記憶では教室でお笑いになった先生の印象というものはほとんどといってよいほど残っていない。

大体数学が苦手なのは私だけではないようで、行儀のよくない級友のなかには講義中窓越しにぼんやりと空を眺めているのもあれば、教科書の下に小説をおいて夢中で読みふけっているといったまったく諦観型の者もいた。先生はそうした様子をちらっと意識されてはいても、よくよくでないと取り立てて注意されることはなかったが、その寛容に甘えて度を過ごした態度に対しては時としてムチを大上段にふりかぶって「こらあっ」と一声、鋭くうちこんであわや頭上に迫る一瞬、ふいとムチをそらして机の上を強くたたかれるのだ。さあどうなることかと空を眺めていた者も小説に読みふけっていた者も、一斉にしゅんとなって水を打ったようになっていると、どうだろう、先生はまるで何ごともなかったような顔つきで淡々として講義を続けられていくので、かえって私たちがあっけにとられたこともあった。

一見むっつりして無愛想に見える先生の胸の奥には、若い者たちに対する深い愛情が豊かに波打っていたことが十分にうかがえるのだった。こんな風だったから生徒の間に先生の自ら備わる威厳に心からの敬愛をもって「大学が」「大学が」と愛すべきニックネームを散発して人気の中心であったことは勿論である[2]」（斎藤貫一）

長戸路政司ものちに記している。

「先生は、校長という社会的要職の後、また五十余歳の御年にもかかわらず、担当の数学の時間には毎度欠かさず前日の学習について五分間試験をなさるという、その教育の信念と行動力と、生徒たちの実力向上のための努力をなさった[2]」

昭和六年（一九三一）といえば、海軍将校たちが犬養毅首相を暗殺した五・一五事件が勃発した年である。このクーデター計画は結果的には失敗したが、その後に与えた影響は大きく、軍部の政治的進出、ファシズムの進展が決定的となった。そんな不穏な空気が漂うなか、惣治郎はみずからの過酷な運命にもくじけることなく、変わらぬ熱意で生徒たちを導き続けていたのである。また斎藤の回想のなかで、惣治郎が修身ではなく数学の教師になった理由が語られているが、つねに謙虚さを失わない惣治郎の考え方がよくわかって興味深い。

しばらくして一家は登戸海岸の借家に移った。ここでの生活は、辛酸をなめた惣治郎とその家族の心を少し和ませたようである。

「私たちのその時の境遇では〔その家に〕とても入れる身分ではなかったが、主人が非常に疲労しており、いくぶんなりとも気晴らしのためと思い……引き移った。何も知らぬ高明と弘太は海岸に行ってすもうをして喜んでいた。夕方になると富士のふもとに太陽が落ち、とても雄大な姿でおのずと心もひきたった。主人は好きな読書、歌作り、また倉橋さん（海軍造兵大佐倉橋審一郎。山形中学で惣治郎の教えを受けた。昭和五年に亡くなった）の

追想録の編集に多忙な日々を送るようになった」[2]（佐久間貞）

また、この時期の父親としての愛情豊かな惣治郎の姿を伝える彊の回想が残っている。

「父は、決して私に勉強を強いるようなことはなかった。父は、私の小学校時代から、「身体髪膚《はっぷ》これを父母に受く。敢えて毀傷《きしょう》せざるは孝の始めなり」という『孝経』の言葉を教えられ、何よりも健康のことに細かい注意をはらってくれた。父の心遣いの一例としては、中学校へ入ったとき、同級の者はみな新しい手提げかばんを持っていたが、父は、手提げかばんでは肩の姿勢が悪くなるからとて、私に、小学校からのランドセルを引きつづき使用させたことなどを思い出す。

小学校では、私はよく風邪を引いたり、腹をこわしたりしたが、中学校へ入ってからは、私の身体はひじょうに頑健になり、五年間を通じて、数日間しか欠席しなかった。父は、無理な勉強をして一番になるより、余裕のある勉強をして五、六番にいる方がよい、とよく言っていた」[5]（『創立者の思想とその生涯』）

　この日々は、彼らにとっては、いわば嵐のあとにやってきたしばしの凪《なぎ》であった。けれどもそんな静かな生活も長く続かなかった。理不尽な迫害を受けたすえに一数学教師として生涯を終えるには、惣治郎の信念はあまりにも強く、理想はあまりにも高かった。関東中学で教え始めてまもなく、惣治郎は五十代半ばにして困難きわまりない冒険に乗り出すことになるのである。

七　千葉女子商業学校を創設

寒川高等女学校を買収

小学校の頃、歴史人物書を愛読していることからもわかるように、惣治郎は多くの偉人を尊敬していた。そのなかに、郷土出身の名僧日蓮（一二二二―一二八二）がいる。

日蓮は貞応元年（一二二二）、安房の国小湊の漁夫の子として生まれた。一二歳のときに清澄寺に入って天台宗などを学んだあと出家する。伝統的な仏教の教理に疑問を抱いて、鎌倉、比叡山などで修業を積み、法華経こそが本当の仏教に導く経典であると確信した。「南無妙法蓮華経」の題目を唱える実践を重視する一方、浄土宗や禅宗など既存の仏教や政治理念を厳しく批判したため、たびたび迫害、弾圧にあい、四〇歳のときには伊豆、五〇歳で佐渡へと流罪になった。惣治郎は自分の被ってきた数々の苦難と日蓮の法難をかさねあわせて考え、このままでは終われない、と主義信条をいよいよ固くしていたのである。

かつて明徳中学校という私学を興そうと計画を進めていたのに、実現を目前に関東大震災で頓挫してしまうというつらいできごとがあったことはすでに述べた。しかし惣治郎は、自分の理想の教育を実現するには、やはり私立学校をつくるほかないと再び考えるようになった。

こうして、昭和八年（一九三三）、たまたま廃校直前の状態にあった私立寒川高等女学校の買収を決意したのだった。寒川高女は東京で建築業を営む石田安太郎が創立し、息子が校長をしていたが、経営状況がひじょうに困難になっていたのである。

寒川高等女学校の経営をはじめた前後の事情は、貞が詳しく書き記している。そもそもの始まりは昭和七年（一九三二）一二月のことであった。

「ある夜主人が帰宅早々いい話がある、と言ったので、私は早合点してまた県立へ戻れるのかと思った。すると、寒川高女を買収しないかと話があった。すぐに返事をしないと他へ話が行くかも知れない。自分は何とかして買収したいのだが、と言うのだった。私は千葉市に来て日も浅く、寒川高女の場所も知らなかったが主人がくわしく教えてくれた。東京の建築請負師のお父さまが設立者で養子の技師の方が校長。生徒は五、六十名ほど、校舎は立派だが経営者が東京の人で千葉に知り合いがなく経営が困難になっている。自分ではあれだけの校舎は建てられない。この学校を買収して思う存分働いてみたい、という話だった」[2]

いくら廃校直前の学校とはいえ、それをなんの資力もない一教師が買収するなど、常識的には考えられないことである。しかし、惣治郎はこれを願ってもないチャンスと考えた。貞も惣治郎の気持ちをよく理解していた。

「主人がこれ〔寒川高等女学校〕を引き受けたいと言って親威知己に相談したところ、皆不賛成だった。私もはじめはどうかと思ったが、もう一度主人を社会に送り出し、思う存分の教育をさせるには私学でなくてはと思い、また〔自分たち夫婦の〕子どもたちも今のままでは精神上の打撃が癒えないであろうし、母校を失う〔寒川高女の〕卒業生も気の毒だなどといろいろ考えた末、主人の意見に従い昭和八年二月に買収することにした」[1]

「買収といっても、教育家、ことに主人のような性格で迫害にばかり遭っていた人はお金がなく、ひじょうに苦難であった。幸い、石田安太郎氏はとても物わかりのよい方で、こ

寒川高等女学校校庭での朝の体操（左端が惣治郎）

ちらの希望もよく聞いて下さった[2]」

惣治郎は、わずかばかりの蓄えと、山形中学校の教え子である菊地久吉、渡辺恒太郎の援助を受けて、学校経営をはじめた。生徒は三十数人、職員は一一人しかいなかった。惣治郎は昭和八年（一九三三）二月にこの学校の校長になったが、経済的に苦しいこともあって、三月までは関東中学校でも働いた。女学校であったので、惣治郎だけでなく妻の貞も朝から夕方まで学校に出て雑用を引き受けた。ふたりは給料をもらうどころか、逆に私財をつぎこむような状態であったため、生活費も切り詰めざるを得なかった。長男の彊はその翌年千葉中学校を卒業して武蔵高等学校へ入ったが、そのときから大学を卒業するまで、県の育英資金を受けて学資を補った。貞は、学校の仕事と育児に追われた。

「女学校ゆえ私もできる限り手伝わねばと決心し、まず家のことをお隣に頼み、三人の子どもを登校させたうえ、自分は〔娘の〕久美を連れて寒川高女に来て、雑用を夕方までして家路につく。家は私の帰りが遅いので、子どもたちには毎晩自分たちの好きな丼をとらせておいた。はじめは、今日は親子丼、明日は天丼、と喜んでいたが、ある日次男の高明が「もう丼はいや、ママの作ったものがいいや」と言った」[2]

貞は、そうでなくても子どもたちに目が行き届かないことが気になっていた。そんな矢先、石田前校長が学校敷地内の校長住宅を引き払って東京に帰ったので、惣治郎一家が入れ替わりにここに引っ越すことになった。この住宅は校舎と渡り廊下でつながっていて、そのうちの一部屋か二部屋は職員や生徒の寄宿舎として使われていた。

貞の献身的な仕事ぶりは、学校の職員にも強い印象を与えた。

「ご夫妻は文字通り雨の日も風の日も奔走なさった。ことにお体のあまり丈夫とは言えなかった奥様は貧血で倒れたこともあった。学校では家庭科の授業の担当、会計事務、寄宿生の食事準備、はては私ども職員のお茶の接待まで一切が奥様の手で行われた。私どもも寄宿生も校長ご一家の皆様と食事をともにしたが、三度の食事の用意はどんなにお骨折りであっただろう。お手伝いさんにも〔学校の授業の〕受講をお許しになっていたので、できるだけお手伝いさんを煩わすことをお避けになり、朝は四時起き、お休みになるのも一番最後だった[2]」（村野いく教諭）

のちに学校の理事となる江波戸博も、この時期の惣治郎夫妻の様子を感銘深く回想している。

「私の住居は学校の正門の前にあったので朝に夕にその様子が見られたので、今でも忘れることができない。朝、薄暗いのに玄関が開いてもんぺ姿の奥さんがせっせと水を運んで掃除をしている。常に校舎はきれいだ。雨の日も雪の日もその姿は消えた日がない。目頭が熱くなってふらふらと近づいて「おはよう」と声をかけてしまうことがときどきあった。そうすると奥さんは「〔私は〕先生でもあり小使いでもあり雑役夫でもあるんですよ」と笑って、またせっせと清掃を始めるのだった。

私が役所から帰ると「佐久間さんから迎えだ」というので、夕食、入浴と大急ぎで済ませて伺うのだが、どうしても夜八時か九時になる。お子さんたちはみな一心に勉強している。しんとしている奥の部屋に佐久間先生は端然として座られ、奥さんと三人で学校経営の相談をしていると一二時を過ぎて慌てて帰るのだが、翌朝また奥さんは玄関にいる。先生ご夫婦は教育の権化だ。学校経営は苦しかった。郷里の財産から東京の財産から、私財を提供した。もちろん家族の方々が新調の衣服を身につけたのを見たことはなかった。ご夫婦は教育のために生きてきたのだ。ほかに何の考えも持っていないようだった[1]」

こうして献身的に働く貞の目には、学校も生徒もすばらしいものに映っていた。

「学校は堅牢な建物で、校長の石田任重先生が応用化学の専門でいらしたので、理化学の機械など他校に勝るとも劣らぬほど完備している、と主人はよく言って、お客さまのあるたびにご覧いただいていた。生徒もみな上品で性質のよい朗らかな人ばかりで、こんなに整って先生方も立派な方なのにどうして生徒がいないのかと不思議なくらいだった[2]」（佐

久間貞）

生徒の募集に奔走

三月に卒業生を送り出すと、生徒の数がすっかり少なくなった。そこでとにかく生徒募集に力を入れることになった。貞をはじめとする職員たちは、県内の各小学校に出向いたり、戸別訪問をしたりと生徒募集に奔走した。

「私〔貞〕は無学をもかえりみず、何をしてもと手伝いはじめ、まず募集からと、毎日毎日見知らぬ町や村へ出かけ、星を頂いては帰宅した。戸別訪問では、寒川高女などから失礼だと言わぬばかりののしりを受けたこともたびたびで、外に出てこんないやな思いをするのも学校を引き受けたからだ、と涙が止めどなく流れるときが多かった。九年の卒業生はめでたい卒業が間近に迫っても、学校が心配で市原郡、長生郡と募集に歩いてくれた。入学式の日には、あまり生徒が少なくてはせっかく入学したみなさんがいやになるだろうと、式にも出席してくれた。生徒は少ないが、みな成績がよく、じつに人情に厚い人たち

ばかりだった」[4]（佐久間貞）

戸別訪問を手伝った生徒の証言も残っている。子どもながら一生懸命に勧誘している姿が目に浮かぶようである。

「三人、五人とつれだって田舎の学校へ行き、学校へ来られそうな家庭を尋ね、そして訪問する。「生徒は少ないが学校はこうである」と、人に教えられたことではなく、子供心に感じたそのままを熱心に話し、入学を勧め、入ってくれるといいな、と夜空の星に念じたい気で学校へ帰ると、奥様はちゃんとうどんをつくり笑顔で迎え、ご苦労様といたわってくださり、先生に送られて家にかえったものである。親たちもよくしたもので、そういう私に何一つ叱りごとを言わなかった」[4]（早野ミサ）

千葉高等女学校の合格発表の朝には、不合格者の名前を調べて、みんなで手分けして遠くまで勧誘に行くことまでしている。そのほか相談を受けた知り合いのなかには、佐久間さんの学校なら、とわざわざほかの学校を辞めさせて子どもを入れてくれる人もあった。

こういった学校挙げての努力の甲斐あって、三月には一六人しかいなかった生徒が、四月の新学期にはなんとか三九人まで増えていた。

ちょうどこの時期に、惣治郎と同じ東京物理学校を卒業して寒川高等女学校に赴任した教師がいた。彼は、困難な経営状況のなかで懸命に学問に励む生徒たちを見て驚く。

「私は佐久間校長の母校東京物理学校を、昭和八年三月に卒業した。そのころ物理学校には、大先輩の田中伴吉先生という白髪の人事課長がいらした。私がその先生を訪れたとき「どうだい尾崎、千葉で先輩が私立女学校をやっているんだが教員がいなくて困っているので助けにいってくれないか。ただし月給はいくらくれるかわからないよ」といわれた。私は、そのころは豊かではないにしても独身であったので、生活費にそう事欠くわけではなし、とにかく千葉市の私立寒川高等女学校を訪れた。

あの辺はいまごろどうなっているだろうか。本千葉駅で下車、踏切を渡って水飴工場の裏の二階建ての立派な校舎だった。理科実験器具は相当整っているし、特に、校長のヤギのようなあごひげを生やした目の小さいいかにも人のよさそうな童顔を見たときはうれしかった。そのときに、よし、この学校でやってみようと即座に決定した。……職員も生徒もよく勤めよく勉強したものだった。一学期の試験の時には、どうせできないんだろうとあきらめていたら、八割の生徒が八〇点以上をとったので、書生上がりの私は大いに感激した」[1]（尾崎宗治元教諭）

学校の抱える問題は、生徒の不足だけではなかった。それ以外にも学校の敷地とその周辺の土地をめぐるトラブルがいくつも発生し、そのたびに惣治郎は交渉や買収などのために大変な苦労をした。

「経営はひじょうに困難だった。そこへ寄宿舎として、舎生とともに私たちも暮らしていた建坪一二八ばかりの家と敷地四〇〇坪くらいを借用していたが、急に売買になった。そのときの主人の苦しみは筆では書き尽くすことができない。しかしこれを買い求めなくては運動場がなくなって困るので、主人はいろいろ苦労して買い取ったが、次々に起こる土地問題がからんで、苦境であった。学校の敷地は曲がりくねり、ひじょうにみにくい形だったが、それをすぐに整備していく力はないので、見て見ぬふりをしていた。となりの馬小屋のあった土地が売りに出たとき、早速主人が問い合わせ、他にそれを譲られては学校の致命傷になるので何とか買収したいと、それはそれは奔走したが、ほかの高値の売買で決まってしまった。とても残念だったが、お金のない悲しみは悔いてもどうにもならなかった。

……またもう一方には、あるクラブが建つといううわさがあって、それも風紀上困るのでまた交渉に一苦労、父兄とも計り、連名で懇願して、ようやく先方のご厚意で土地を当方に売っていただき、正門のところも整備されてきた。次々に起こる難問のせいで、主人は〔経営をはじめた〕当初は朝から晩まで外出ばかりしていた[2]」（佐久間貞）

千葉女子商業学校を創設

それから、惣治郎は寒川高等女学校という名称がよくないとして、翌年これを千葉精華高等女学校と改め、さらにその年、これに千葉女子商業学校を併設した。この決定には前年の秋、わが国で最初の女子商業学校として創立された名古屋女子商業学校（現、名古屋経済大学市邨高等学校）を視察していたことが影響したと考えられる。この学校は「女子商業教育の父」

として知られる市郁芳樹が明治四〇年に開設した。市郁芳樹は東京商法講習所（現、一橋大学）を卒業したあと、一貫して商業教育に携わった人物である。

惣治郎は、市内にあるほかの私立高等女学校との競合を考慮するとともに、当時女子に職業教育が求められていることを敏感に感じ取っていた。そのころ千葉市の人口は五万一〇〇〇人あまり、そのうち約三八パーセントが商家であるにもかかわらず、商家の子女に商業教育を実施している学校はなかった。商業科を設置すれば、より多くの生徒が集まるであろうし、女子の商業教育と徳育・訓育を組み合わせることに、惣治郎は大きな可能性を見いだしたのである。

しかし、商業科設置への道のりも決して平坦なものではなかった。

「昭和八年の秋、主人は名古屋方面に出張し、実業学校を視察して帰校した。そして女子商業学校を併置する認可を受ける準備に取りかかったが、それは並々ならぬ苦心であった。書類を提出しては、不備だと言って返却され、また提出しては返却と幾度も繰り返し、ある時は徹夜で作成することもあった。幸い理事の江波戸先生が当時学務課の主任をしていらしたので、何くれとなくいろいろご指導いただき、ようやくにして九年五月一日千葉女子商業学校認可の指令を文部省から頂いた。その時のうれしさ。先生方はもとより、高女の生徒たちも、女子商業併置の認可によって、学校も隆盛になるのかと、泣いて喜んでくれた[1]」（佐久間貞）

手続きが煩雑でどんなに苦労しているときも、惣治郎は「女子の経済的活動が求められるときが来るよ」と、微笑んでいたという。

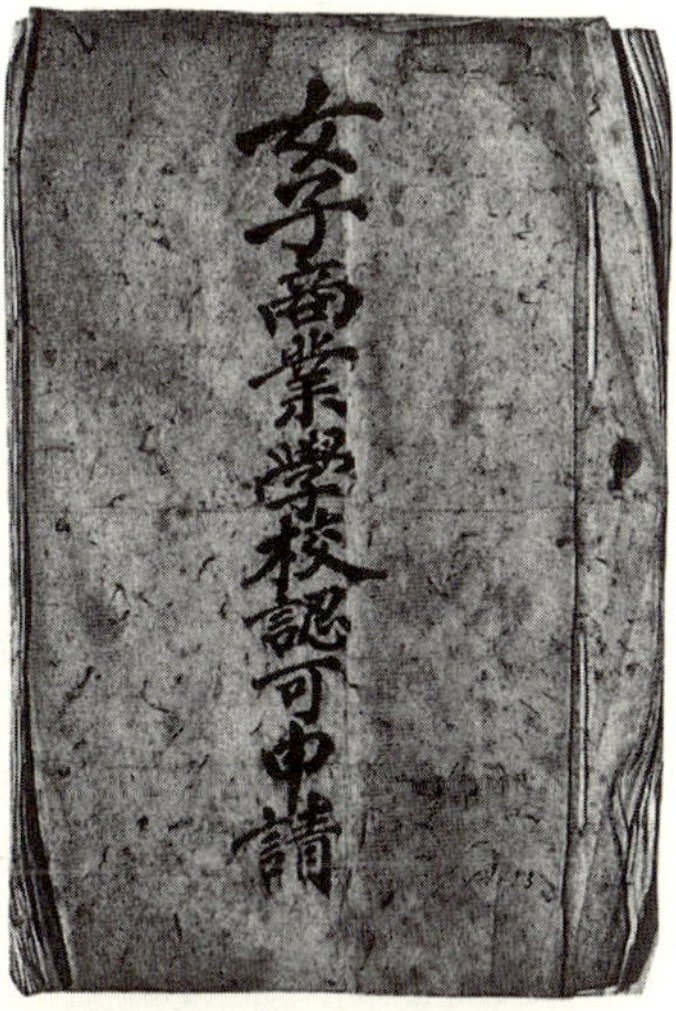

千葉女子商業学校認可申請書

「私は……つとに徳育の刷新、修身教育の改善を主張してきたのであるが、中頃から更に職業教育の重要性を真剣に考えるようになった。私の敬服している言葉に、渋沢子爵の「片手に論語　片手に算盤」という言葉がある。人間は論語だけでは生きてゆかれないし、また算盤だけでは人間として不完全である。道義というものは人間の実生活の中で実現されて行くのである。生活を独立してやっていけないようなことで、いくら倫理だ道徳だと言ったところでそれは頭の中だけの観念の遊戯でだめである。そこで私は片手に論語、片手に算盤が教育の理想的な一つの形態だと考えるようになった。私が高等女学校を排して女子商業学校を県下ではじめて始めたのも、このような考えを端的に実行に移したのである」[5]（本校の教育）

渋沢栄一に傾倒

ここで惣治郎が「渋沢子爵」と呼んでいるのは、むろん幕末から昭和の初めまでを生き、維新後の日本の発展に多大な貢献をした実業家渋沢栄一（一八四〇－一九三一）のことである。いつどのようにして惣治郎が渋沢のことを知ったのか、二人のあいだに直接の交流があったのかどうかは、残念ながらよくわかっていない。しかし二人の考えに似た部分のあることは確かである。

渋沢は天保一一年（一八四〇）の生まれであるから、惣治郎より三七歳年長である。現在の埼玉県深谷市で、農業と藍《あい》の商いをいとなむ家に生まれ、父のすすめで六歳頃から『大学』

『中庸』『論語』などに親しんだ。この漢籍の素養はすっかり身体に染みついて、渋沢は儒学を単なる知識・教養ではなく「人生処世上の規準」つまり生きる上での実践的なバックボーンであると考えるまでになっていた。また若い頃に地元の代官の横柄で理不尽な態度に憤慨していらい、一貫して「公より私」「官より民」の考えを持ち続けた。

倒幕運動にのめり込んでいた二五歳のとき、ふとしたことから一橋家の家臣となり、一橋慶喜に仕えることになる。渋沢はこの一橋家で情報収集、兵備、経済システムの整備などにめきめきと頭角を現し、信頼を勝ち得ていく。ついで明治元年（一八六八）、慶喜の将軍就任によって幕臣になった。

渋沢は慶喜の将軍就任には反対していたので辞職を考えるが、折良くパリで開かれる万国博覧会に招待された徳川昭武（慶喜の弟）の随行員として洋行。フランス滞在中に大政奉還が行われたので、帰国後は明治政府からの要請で民部省、大蔵省に勤務した。

三五歳で退職したあとは、第一国立銀行（現、みずほ銀行）を皮切りに、三井銀行（現、三井住友銀行）、東京株式取引所（現、東京証券取引所）、東京海上保険会社（現、東京海上日動火災保険）、日本郵船、王子製紙、秀英舎（現、大日本印刷）、沖商会（現、沖電気工業）、鐘淵紡績会社（現、クラシエホールディングス）、大日本麦酒（現、サッポロビール、アサヒビール）、帝国ホテル、東京瓦斯（現、東京ガス）、東京電灯会社（現、東京電力）、中外物価新報（現、日本経済新聞）、東京日日新聞（現、毎日新聞）、日本放送協会、東京商法会議所（現、東京商工会議所）、博愛社（現、日本赤十字社）、聖路加国際病院、東京女学館（現、東京女学館大学）、早稲田大学、理化学研究所など、じつに五〇〇近くに及ぶ企業、団体の設立や運営にかかわった。実業界の父、日本資本主義の父と呼ばれる所以である。

また商業が国の発展に重要であるとして商業教育の必要性を早くから訴え、現在の一橋大学の前身である商法講習所（このあと東京商業学校、東京高等商業学校、一橋大学）の開校に尽力した。

渋沢の著書『論語と算盤』には、惣治郎の思想と相通じる部分がいくつもある。

「道徳上の書物と商才とは何の関係が無いようであるけれども、その商才というものも、もともと道徳をもって根底としたものであって、道徳と離れた不道徳、詐瞞、浮華、軽飛の商才は、いわゆる小才子、小利口であって、けっして真の商才ではない。ゆえに商才は道徳と離るべからざるものとすれば、道徳の書たる論語によって養える訳である」

「私は常に精神の向上を富とともに進めることが必要であると信じておる。人はこの点から考えて強い信仰を持たねばならぬ。私は農家に生まれたから教育も低かったが、幸いにも漢学を修めることができたので、これより一種の信仰をえたのである」

「昔は心の学問を専一にしたが、現今は智識を得ることにのみ力を注いでいる。昔は読む書籍そのものが悉《ことごと》く精神修養を説いているから、自然とこれを実践するようになったのである」

「世間一体に、教育のやり方をみると―私はことに今の中等教育なるものが、その弊が甚だしいと思う―単に智識を授けるということにのみ、重きを置き過ぎている。換言すれば、徳育の方面が欠けている」

渋沢も惣治郎も、論語（道徳）と算盤（経済）がバランスよく機能することで世の中がよくなっていく、と考えていた。しかし二人の書いたものを丹念に読むと、両者の考えにはそれぞれの立場ゆえのずれがあったことにも気づかされる。

まず、近代日本の礎を築いた実業界の父渋沢にとっての算盤とは、開国まもない日本を一人前の国家として発展させるために必要な商業全体を指していた。それに対して惣治郎の目は、教育者として生徒ひとりひとりの自立した生活のほうに向いていたように思われる。

女子教育に関する考え方にも相違が感じられる。渋沢は、現在の東京女学館大学、日本女子大学の設立に関係するなど女子教育との縁も深く、その必要性を説いてもいる。

「女子も社会の一員、国家の一分子である。果たして、しからば女子に対する旧来の侮蔑的観念を除却し、女子も男子同様、国民としての才能智徳を与え、倶《とも》に相助けて事をなさしめたならば、従来五千万の国民中、二千五百万人しか用をなさなかった者が、さらに二千五百万人を活用せしめることとなるではないか。これ大いに婦人教育を興さねばならぬという根元論である[9]」

しかし渋沢の考える女子教育とは、すなわち良妻賢母の教育にほかならなかった。そのことは渋沢の文章からもはっきりと読み取れる。

「善良なる婦人の腹から善良なる子どもが多く生まれ、優れた婦人の教育によって優秀な人材ができるものである。……とにかく優秀の人材は、その家庭において賢明なる母親に撫育《ぶいく》された例は非常に多い。……してみれば、婦人を教育してその智能を啓発し婦徳を養成せしむるは独り教育された婦人一人のためのみならず、間接には善良なる国民を養成する素因となる訳であるから、女子教育は決して忽諸《こっしょ》に付すことができないものである[9]」

ここで理想とされているのは、あくまでも家庭の中で我が子を正しく育てる女性であって、社会に出て働き、収入を得る女性ではない。

惣治郎も良妻賢母に反対ではなかったであろうが、「生活を独立してやっていけないようなことで、いくら倫理だ道徳だと言ったところで、それは頭の中だけの観念の遊戯でだめである」と述べているように、自活する力を持った女性を念頭に置いている。

もちろん渋沢と惣治郎には四〇歳近い年齢差があり、活躍した時代も同じではないから、単純に比較することはできない。しかし惣治郎と同年代の中にも渋沢とさほど変わらない考え方をする人間はいたであろう。こう考えると、惣治郎が旧弊な価値観にしがみつくことなく、社会の変化や時代の要請をしっかりと見すえながら、学校を出た生徒が精神・経済の両面で充実した生活を送れるようになることを目指していたことがくっきりと浮かび上がってくるのである。また、渋沢が女性をいささか抽象的にとらえていた感じがするのに対して、惣治郎は生徒ひとりひとりの顔が見えるポジションにいたという印象を強く受ける。

創設者の掲げる理念

学校の創設者がどのような理念、建学の精神を抱いていたかは、その学校にとっても、そこで学ぶ学生にとっても、きわめて重要な意味を持つ。現在、日本には数多くの私立学校があるが、それぞれの学校の持つ多様なカラー、校風は、もとをたどればこの建学の精神から生まれているのである。

伝統ある私学の建学の精神、校訓を見ていくと、創設者が何を目指し、どのような教育を理想として学校をつくったかがわかり、興味深い。慶應義塾大学〔慶応四年（一八六八）、福沢諭吉が創設〕は「独立自尊」、同志社大学〔明治八年（一八七五）、新島襄が創設〕は「良心を手腕に運用する人物の育成」、早稲田大学〔明治一五年（一八八二）、大隈重信が創設〕は「学問の独立」をおもな理念として掲げている。また共立女子学園、麹町学園、東京家政学院、大妻学院など、明治から昭和前半に設立された私立女子校の校訓、理念には、「貞淑」「良妻賢母」「誠実」「知性」「奉仕」「婦人の地位向上」「明朗」「知・徳・技」「礼節」「奉仕」「勤勉」といった言葉が並んでいる。これらと比べると、千葉女子商業の「片手に論語　片手に算盤」は、きわめて斬新な建学の精神と言える。

惣治郎は、はじめのうちはもっぱら徳育・修身教育に関心を持っていたが、その後職業教育の重要性に思い至り、「片手に論語　片手に算盤」が教育の理想的な形と考えるようになった、と述べている。尊敬している渋沢栄一の言葉をただ借用したのではなく、教師として長年にわたって生徒と接するなかで生まれてきた、経験に裏付けされた現実的な考えなのである。

そのため、理想に走りすぎることも抽象的になることもなく、「この学校に来ればこういう教育が受けられる、こういうことが身につく」ということがはっきりとイメージできる。進学先を選ぶ生徒や父兄にとってこれほどありがたいことはない。言い換えれば、この建学の精神に共感した意識の高い生徒が集まってくることになるのである。

そして一見シンプルに思えるこの「片手に論語　片手に算盤」という建学の精神には、じつはひじょうに広く深い意味が包含されている。考えてみれば、「論語」という一言のなかに、道徳に関する他校の校訓はほとんど含まれてしまっているのではないか。これだけ充実した道徳教育に、さらに職業教育・経済的な自立という要素を加えたのであるから、すべてを注ぎ込んで生徒を導こうとしていた惣治郎の意気込みの強さが伝わってくる。

さらに、女子校でありながら、とりたてて「女性」を強調したり、前面に出したりしていないところも興味ふかい。惣治郎の目は、男女の区別を越えたもっと深い部分、人間としての基本の部分の教育に向いていたのであろう。

いずれにしろ、惣治郎はきわめて先見性に満ちた考えの持ち主だったといえるだろう。

順調な発展

千葉女子商業は、県下唯一の女子商業学校として、また懸命の生徒募集も功を奏して、年々志望者が増加していった。在校生の数は、昭和一二年(一九三七)には三〇〇人、一三年(一九三八)には四〇〇人を越え、一四年(一九三九)には教室を増築するまでになった。一五年(一九四〇)には、当初の千葉精華高等女学校は廃止して、後に併設した女子商業学校のみとした。

在校生や職員たちの思い出からは、これから自分たちの手で新しい学校をつくろうとしていたエネルギーが伝わってくる。

「私は創立の翌年、昭和九年に入学した。厳格で真の教育愛に徹しておられた初代校長佐久間惣治郎先生に、数学・修身などを教えていただいた。数学の時間に脱線して論語の講義になったこともあり、そして終了のベルが鳴り、次の時間の先生が見えるまで講義の続くこともしばしばだった。……また反面、先生はスポーツマンでいらっしゃった。テニスのお上手なことは定評があったが、放課後はよく生徒を相手にテニスをなさっておられた姿をお見受けした。私もときどきテニスを教えていただいたが、フォームなどやさしく手をとって教えてくださった。」[7]（石井佐奈）

「先生はいつも親しくお話しのできる方で、朝「校長先生、おはようございます」とあいさつすると「やあおはよう」といつもきれいな真っ白い歯をお見せになってにこやかに返事してくださった。……その頃はシナ事変当時でもあり、女学生として身だしなみや品行などにも大変やかましく、女子高校生としての誇りをいつも身につけて実社会に出て役に立つ立派な人間になるようにと、日新録を毎日つけて校長先生の所まで見せに言って印を押していただいた。

修身の時間には、孟子、孔子の話をよくされ、黒板にとても早く大きく、至誠一貫とか至誠通天と達筆にお書きになって話されたことが一番記憶に残っている。

それから小さな手帳を持っていらして、どんなときでも、これはと先生が感じたことをすぐに書き込んでいらしたようで、公私ともお忙しいお体でいらっしゃるから忘れないように、とおっしゃっていたが、本当に偉いなあ、と思った[2]」（大室政子）

「私が、かつて、在校当時、ある会に出品する絵を自宅から学校まで持ってくる途中、往時の混雑した電車の中でもまれてだいぶしわができてしまい、それをそのまま提出しようと先生にお目にかけたところ、「作品に対してもっと愛情をもたなければ」とおっしゃられて、ご自分でアイロンをかけ、きれいにして下さって、大変恐縮した。先生の「作品」とは教育の成果であって、しかも常に未完成な人間の特性の涵養であったとすれば、いかほどに、愛情と熱意をかたむけておられたか、真の教育家として尊敬の念に耐えない[2]」（関ちか）

「先生は顎になかば白いものの混じった光沢のよい十センチほどのひげをたくわえておられた（私たちはそれをヤギひげヤギひげと言い合ったものだ）。髪は額から中央が禿げ上がり、頭の鉢のまわりだけに穏やかな波の見える髪の毛が黒く鈍い光を放っていた。そして黒縁の太い鼻眼鏡は老眼鏡らしく、遠くを見つめられる眼鏡越しのお顔はとりわけ印象的だった。

お顔の色は小麦色で大変つやもよく、急ぎも驚きもしない落ち着き払ったお目には深い思慮が影のように宿っていた。きりっとしたお口もとは柔和なご容貌に毅然とした強さを与えていた。背は高い方ではなく、どちらかと言えばがっちりとした体格でゆっくりとお歩きになった。この東洋的な物静かなお姿はいかにも泰然としていて私は校長先生に高い誇りと、ひそかな憧れを感じた。そしてそれは後々先生のお教えをいただくにつれて、ひときわその感を深くさせられた。

先生の〔担当の〕時間は公民科や修身科だったが、時折数学の先生の欠勤の時などに補講においでになった。どの授業でも、先生の講義には漢文の一、二節の説明が必ずあった。それは主に論語の引用が多かった。もともと漢文に興味のなかったわたしは今も論語をひ

教職員と共に（昭和11年頃）

もとく機会がないが……「師曰わく云々」の何章かが断片的に頭に残っているのも先生のたまものである。「日新録」という言葉もやはり大学の中からおとりになったのだが、「苟日新、日日新、又日新」の一文は在学中のみならず社会人としてまた家庭人としての私のよき教訓として、今もなお生きている。

あるとき先生が一幅の書を教室へお持ちになって黒板に貼られた。それはさるお寺から手に入れられたという話だった。その書は横書きで「気心腹己人」と書いてあり、これは気を長く心を丸く腹立てず己小さく人大きくと読むのだそうで、文字通り先生の教育精神が一貫され、先生ご自身が常に実践されていたことは言うまでもない[2]」（島田ケイ子）

千葉女子商業学校の生徒と佐久間貞（昭和11年）

「私がはじめてご厄介になったのは、千葉女子商業が誕生したばかりのころだった。その当時は千葉市新宿町（本千葉駅西口参松飴会社の隣）に二階建ての校舎一棟（各学科教室および職員室、講堂）、平屋二棟（一棟は裁縫室および作法室、ほかの一棟は校長住宅兼寄宿舎）とがあって、この新宿町時代は……全校生徒わずかに八十二名だったので生徒の集合も一教室で充分間にあった。校長先生は常に至誠一貫をモットーとして生徒本位にちょうどお父さまの子どもに対する如くに慈愛を以て接するのだった。校長先生のご熱心な論語の訓話の際など水を打ったように静かなものだった。そして校長先生の授業は合一法によって生徒に徹底するまで教えるのだ。またこの論語の精神が先生の教育方針の上に直接ひびいたものに日新録がある。

……また校長先生は、庭球がお好きで御用が終わると必ず生徒や職員を誘って元気よく庭球をなさるのが日課のようだった。これは校長先生が常に健康に留意なさっていたためだろう。遠いところから通う生徒のために校長先生の住宅を寄宿舎として、数人の生徒を家族のようにお世話なさっていたし、全職員は校長先生と一つテーブルを囲み世間話のうちに楽しく昼食を過ごしたことも、校長先生の奥様がご多忙の中にも職員に対して暖かい心遣いをして下さったからだと思う[1]」（村野いく教諭）

「創立当時より小使いを置かない主義だったので、皆仲良く働いてくれた。無言の教訓とやら、朝、村野先生と私と寄宿舎の生徒が庭を掃いていると、生徒は校門を入るやいなや皆喜んで箒を持ってきて、幾人となく手伝ってくれて、たちまち清掃され、やがて朝礼が始まり、元気に菊地理事から寄贈された蓄音機でラジオ体操をすませて教室に入る。教壇の上はいつも鏡のように磨かれ、そこで先生方の授業を受けるのだった。私は羽仁先生のお言葉を借りて教室はいつも起きたての家のようにすがすがしい気分で、と言っていたので、誰彼といわず皆できれいにしていた。

朝起きて頭を悩ますのは、これで生徒がいなくては、世間の物笑いになる。せっかく入学した生徒に申し訳ないということで、どうしたらいいのかそればかり案じられた。当時の生徒は先生方を兄姉と慕い、私たちを父母と思ってくれた。父母兄姉といっても、教師のほうはいつも厳格温情、生徒のほうは尊敬の念を忘れなかった。ある時話の末に、先生、やっぱり生徒が少ないと外で肩身が狭い、と言われた。私はそのときの場面を思い出すととめどなく涙が出る。ああすまぬ、一生懸命募集に取りかかろうと思って、その時私は、いまに優秀な妹たちばかりたくさん入学させますよ、飴会社がお隣だから飴のように校運も伸びてきますからお互いに頑張りましょうといい、皆大笑いになった」[1]（佐久間貞）

物治郎も早朝、生徒や職員が登校する前に学校に行って、教室の机の列をまっすぐに直していたという。心を育てるためには机をあるべき状態にしなくてはならないということを、言葉ではなく行動で示していたのである。

東京で催された関東珠算競技大会では、千葉女子商業の生徒がみごと優勝を果たしたこともある。論語（訓育）だけではなく、算盤の教育もしっかりと成果を上げ始めたのだ。

「創立早々の学校は生徒の数もひじょうに少なく何となく心細さを感じさせられた。しかし校長先生はじめ諸先生方の熱心な授業にいつも張り合いのある勉強をすることができた。校長先生は学校をますます発展させようといつもお心掛けになり、私たちも他の学校と比較するときに肩身の狭い思いがするので早く他の学校と肩を並べて進める日の来ることを思っていた。

……私たちも最上級生となり、校長先生もここで学校の名を上げるようにとのお言葉、私たちは珠算の競技そして運動の競技と暑中休暇も休まず朝早くから猛練習した。校長先生は私たち汽車通学の学生の時間をいつも心配して下さり、私たちの勉強も心から喜んで下さった。関東珠算競技大会が開催されることになり、実業学校七十三校のなかの一校として私たちの学校も参加することになった。幸いにも私が入賞したので、校長先生のお喜びはひじょうに大きかった」[2]（増田公）

以後、同大会には毎年生徒が出場するようになった。珠算にまつわる思い出を語っている

珠算の授業（昭和13年頃）

卒業生は他にもいる。この回想からは、珠算の授業の熱気、楽しさがよく伝わってくる。

「今にして思えば、自主的クラブ活動といおうか、放課後を利用して珠算の練習をしていた私たちだった。夏休みはじめの一週間、全校挙げての珠算の講習会が開かれた。この講習会は全校生徒をたちまちそろばんのとりこにした。当時の学校は、職員の約半数が年齢の高い男の先生であったように記憶する。そこへやってきた珠算の先生は、東京から通勤するという中年の、それは長身で加えて美男子の先生だった。それにまた講師の先生方七、八人はみな若い男の先生ばかり。

女の園は急に活気づいた。午前中の三時間

はまたたく間に過ぎ、午後も引き続いて練習するグループも増えた。その合間には、すぐ近くの出州海岸で先生方と遊び、東京の学校のお話を聞いたり、一週間は夢のように過ぎた。夏休みが終わり二学期を迎えた珠算の授業は一段と熱が入り、おもしろいように上達した。それとは逆に先生方の顔は曇っていた。それは他の授業時間中に珠算を練習している人がいて困る、と他の先生より苦情がでた、という理由だった。

私は秋の検定試験に東京本郷の東京大学に受験に行った。初めて見る東大。銀杏並木が美しかった。このときは多くの合格者が出た。また上級の検定合格者の中から栄えある全国珠算競技大会に一校五名が出場した。とうていその器でなかった私も選ばれた。都立四商の会場は都電に乗ってずいぶん遠かった記憶のみで、成績などはおぼえていない。ただあの会場の緊張した空気と算盤の「たま」の何とも美しい音は忘れられない[5]」（中島初子）

また、千葉女子商業では、生徒に対するしつけの厳しさも大きな特徴であった。むろんそれは、学校が生徒に一方的に押しつける冷徹な管理教育ではなかった。

「髪の毛は一年生がおかっぱ、二年生が横から分ける、三年生が後ろで二つに結び、そし

増築になった校舎

て四年生がおさげ。ピンの使用は一年生禁止、二年生二本、三、四年生が三本厳守。髪の長さは一、二年生耳下一センチ、というのが入学早々私たちに与えられたきついお達しであった。しかし入学を許された私たちは、厳しい規律の前におどおどしながらも、今の在校生などの到底想像も出来ない、この姿に胸を躍らせたものである。………村野先生、菊池先生はじめ当時の諸先生方が一定の秩序と正しい規律を厳守することにひとかたならぬ努力を払われたことは私たちのおよびもつかないことであったろう。

今でも当時の状景がつい昨日のように浮かんでくる。朝礼ごとに級長、副級長が物差し、ハサミ持参での検閲が行われたが、一人の校則違反者も出なかったように記憶している。今追想してこれが行き過ぎであったともまたひどいことをしたとも考えられない。いや、むしろ寛容と温情の抱擁をもって鞭撻《べんたつ》の労をとってくれる先生方がなく自由に放任されていたならば、おそらく今日あるような私たちではなかった」[1]（古山悦子）

卒業生の就職状況も良好であった。昭和一一年（一九三六）には卒業生全員が卒業前に就職が決定している。第二回卒業生からは、東京での就職希望が多くなり、有名企業、有名百貨店へ就職したが、どこでも評価が高く、以後諸官庁、会社などからの求人は年ごとに増加し、各方面へ進出し活躍した。

こうして「論語と算盤」の教育理念、「至誠一貫」をモットーとする熱心な教育、しつけの厳しさ、そろばん・簿記教育と就職率の良さが知られるようになり、千葉女子商業の入学志願者は年々増えていった。

ある年、入学試験の合格者を、はじめて受験番号を貼りだして発表した。このとき惣治郎は、経営を始めた当初に生徒が少なくて、勧誘のために遠くまで歩き回った苦労を思い出して胸がいっぱいになった。そして不合格となってしょんぼりした様子で帰る子どもの姿をだまって見ていられず、もう一度面接しようと言ったという。

家庭科の授業風景

学校では県主催の音楽会への出場、校内展覧会やバザーの開催、学校主宰による県下小学校児童の珠算競技大会の実施、四年生のろうけつ染め実習など、教師と生徒、卒業生が一体となった幅広い教育活動が行われた。

昭和一五年（一九四〇）には、二階建て（五教室）の校舎が完成し、一二〇名だった定員は二〇〇名になった。

このように、経営を引き継いで数年で学校は順調に発展していた。惣治郎も気兼ねなく自らの教育方針を実行し、それがしっかりと成果を上げていた。私学助成金の制度もない時代である。惣治郎、貞をはじめ職員たちは家族のように結束しながら教育に身を捧げ、そうやって卒業させた生徒たちが社会で活躍する――皆が大きな充実感を覚えていたに違いない。

戦争の足音

しかし、暗く大きな影が彼らにひたひたと忍び寄っていた。学校の外に目を転じれば、昭和六年（一九三一）九月に満州事変が勃発、柳条湖事件をきっかけに関東軍が軍事行動を拡大し、満州各地を占領した。翌七年（一九三二）には海軍青年将校を中心とするクーデター、五・一五事件が起こっている。この事件では犬養毅首相が殺害され、斎藤実の挙国一致内閣が成立して、政党内閣の終焉、軍部の政治的進出が決定的となった。

昭和八年（一九三三）、日本は国際連盟を脱退し、国際的な孤立を強めていく。一一年（一九三六）には陸軍のクーデターである二・二六事件が起こり、その後指導権を握った広田弘毅内閣は準戦時体制を固める。そして一二年（一九三七）、北京郊外盧溝橋付近で日本軍と中国軍が衝突したのをきっかけに、日中戦争が始まった。

翌昭和一三年（一九三八）、国防目的達成のため、人的および物的資源を強力な統制のもとにおくことを目的とする国家総動員法が公布された。これによって国民の権利は大きな制約を受け、議会は形骸化し、政府の独裁権が強化された。昭和一四年（一九三九）には価格統制令、一五年（一九四〇）には七・七禁令（贅沢品の製造・販売を制限する）、砂糖、マッチの切符制、一六年（一九四一）には米の配給制、衣料の切符制が始まり、国民生活への統制がさらに強まっていった。

そして昭和一六年（一九四一）一二月八日、日本のハワイ真珠湾攻撃によって、ついに太平洋戦争に突入し、国内は完全な戦時体制に入ったのである。

この影響はいやおうなく教育現場にも及んでいった。昭和一三年（一九三八）ごろから学徒動員で学生、生徒の勤労奉仕が開始される。昭和一八年（一九四三）九月に二五歳未満の女子を勤労挺身隊として動員することが決定、その翌月、文科系大学生、高等専門学校生の徴兵猶予が停止され、いわゆる学徒出陣が始まった。このため、学校における学業はまったく放棄されてしまう。

千葉女子商業の教育活動も、学科の授業よりも出征兵士への慰問袋、千人針づくり、陸軍病院を訪れての掃除、洗濯や食事の世話などの奉仕活動が多くなった。運動会には、全教室の窓ガラスを外して日の丸の小旗を出し、傷痍《しょうい》軍人を招待した。しかし上級生が勤労動員で道場や稲毛工場、津田沼の航空機工場などへ行くようになってからは、運動会も中止された。学芸会も同様であった。

修学旅行は、京都・奈良・伊勢への関西旅行や、香取・鹿島・潮来・大洗海岸へのバス旅行などを行っていたが、戦争が激しくなってからはこれもすべて中止された。工場に動員されていない下級生は、勉強のかたわら防空壕づくりをした。

戦時中の学園生活の様子を伝える回想をいくつか引用しよう。

「昭和一四年にはシナ事変がすでに始まっており、若者は『出征兵士を送る歌』に送られていった。学校でも慰問袋を作ったり、運動会には傷痍軍人を招待した。昭和一六年一二月八日の未明に真珠湾攻撃と宣戦布告をラジオで知り、驚きと不安で一杯だった。昭和一七年ごろには、心身鍛練のため強歩遠足がたびたび行われていたが、校長先生はゲートルを巻いていつも先頭に立って歩いておられたのを覚えている。勤労奉仕も行われるようになった」[7]（小川栄子教諭）

「〔増築が終わって〕これからゆっくりした環境で理想の教育ができることを喜んでいたの

香取・鹿島方面への修学旅行

もつかの間、はからずも大東亜戦争が勃発した。最初のうちは千人針を作ったり日の丸に寄せ書きをして出征する方々を励ましたが、戦いもいよいよたけなわになってからは、下級生は勉強のかたわら防空壕をつくるために千葉寺にある学校農園に行列して、土の運搬やサツマイモを千切りにして乾燥させたものを袋に詰める作業を受け持ち、上級生は現在の学校所在地に勤労奉仕のため配属されたり、道場や稲毛工場、津田沼の航空機工場などにも学徒として動員され、朝早くより工員とともに「勝つまでは」と一生懸命に作業にあたり、空襲警報を聞いては防空壕に避難し、解除を待ってまた職場に戻り、作業を続ける生徒は真剣そのものであった」[4]（村野いく教諭）

昭和一九（一九四四）年に入学した武藤よう子は、戦争まっただ中の状況で授業を受けた。

「実家が酒屋を営んでいたので、普通科ではなく商業を学ぶようにと父に言われてこの学校に入った。そのころは職業学校は少なく、入試の倍率は六倍ほどもあったと思う。戦争中なので、卒業してすぐに役に立つ教育を受けたいという人が多かったのだ。一学年が四クラスだったが、応募数が多かったので定員オーバーしていて教室にぎゅうぎゅう詰めだった。普通に授業を受けられたのは入学して二、三カ月ほどだけだった。

そのあとは授業が始まるやいなや警戒警報のサイレンが、しばらくすると空襲警報のサイレンがけたたましくなる。こうなると授業を終えて帰宅しなくてはならない。校内にも防空壕はあったが、木の枠に砂をかぶせたようなものだった。入学当時は千葉寺にある学校の農園の砂を、生徒が家から持参した布袋に入れて何度も運んだ。千葉寺は学校より少し高いところにあり、大変な重労働だった」

しかしこのような状況下でも、惣治郎の訓育が放棄されることはなかった。のちに千葉女子商業の教諭となった古山悦子は、そんな惣治郎から強い印象を受けた。

「先生に初めてお教えを受けたのは、第二次世界大戦の末期で、わたしも一年生として教室の机にいた頃であったから、思えば先生はまだ六十何歳かのご壮健さであった。当時何となく日本の将来が危ぶまれたたし、連日の空襲で、やむなく授業中止の空虚な毎日に索漠さと暗い絶望感に襲われがちな私たちを元気づけ、まだ光のあることを教えようと朝礼ごとに学ぶ者の心構えだけを物静かに説かれたその言葉や、声が追想される。私はその態度がいかにも、佐久間先生にふさわしい態度として心から尊敬していた。

回想される先生の面影の一つは、座像の牛の彫刻が据えられた講壇に立たれた先生が、南側の高窓の光線を正面から受けて、論語を説かれたお姿で、白いあごひげが印象的で、眼鏡越しにときどきみられる目が慈愛深く蘇ってくる。生徒には、一種の自立教育をとられていたので、私たちは先生に厳しくしかられた記憶も、特別に褒められた記憶もなく「悔を悟ればよろしいのです」を言われるきりで、特にここが悪いとおっしゃらなかった。それとなく訓えられる気持ちであったと思うが、その言葉の端に計り知れない多くのものごとを学ぶことができた。

日一日と激しくなっていく軍国主義の空気の中で生徒を誘って日課のように、お好きな庭球をなさっていたお元気なお姿も、つい昨日のように浮かんでくる[2]」

前に引用した村野いくの文章で勤労動員のことに少し触れていたが、実際に動員された学生の回想を読んでみよう。年端のいかない子どもが大人に混じって、過酷な労働条件下で危険な仕事に従事していたことに驚かされる。

「私は稲毛駅から徒歩で五分くらいの所にあった加藤製作所に行った。そこには鋳物や機械、旋盤などがあった。働いている人は千人もいただろうか。男性は中年以上の人が多く、途中で招集されて戦場に行った人もいた。女性は百人くらいいた。

私たちは朝、防空頭巾とお弁当を入れた食糧袋を肩から背負い、工場で貸与されたカーキ色の作業服（上着とズボン）を着て出かけた。毎朝朝礼があり、伝達事項を聞いてから仕事に取りかかった。火を焚き、砂に木を入れて抜き取った鋳型に、溶けた鉄を流し込む作業。もう夢中でやった。監視が回ってきた。空襲警報が鳴ると急いで防空壕へ逃げ込んだ。食糧難で食べるものは少なく、私たちは一日中時間で縛られていたし、子供心にとても辛

国民服姿で朝礼台に立つ佐久間惣治郎（昭和19年頃）

かった。しかし千葉工業学校の生徒も動員されてきていたので、男子に負けないように、そして何より学校の名誉を傷つけないように一生懸命仕事をした」[5]（藤方芳枝）

動員された生徒を工場に引率していた若い教師の証言が残っている。ここには、ごくあたりまえの教育活動さえ行うことが許されないというもどかしさ、苦しさが満ちている。

「当時、二年生の女子五〇名が勤労動員された工場は千葉市道場のS木工場であったが、そのころはすでに三年生（当時の最上級生）の全員が船橋のN建設や津田沼のT工業に動員されていたあとであり、この二年生に動員命令が出たときは敗戦色も濃くなった昭和二〇年早々のころであったと思う。

約百五十平方メートルくらいの薄暗い土間の工場には五、六人で使う作業台が十数個置かれており、生徒はこの作業台の前で二、三人掛けの椅子に終日腰掛けて作業をさせられた。ここで生徒たちの大部分は、高さ二〇～三〇センチ、幅二～三センチの弓形になったベニヤ板の木片を仕上げする加工作業が中心であったが、これは木製飛行機の後尾端（胴体のいちばんしっぽの部分）のいわばあばら骨に相当する部分の製作であり、我々はこれを小骨と称していた。

この小骨の厚みの部分を飛行機の胴体のだんだん細くなる傾斜に必要な角度に合わせて削ることがおもな作業であったが、それは当時からさらに二〇年も前の私の小学生のころ「竹とんぼ」をつくった時とまったく同じように小刀と紙ヤスリとが生徒たちの工具のすべてであった。このほか、一部の生徒はシンナー臭い乾燥室で後尾端の布張りをさせられたり、木製主翼の試作室で働かされた。

これらの生徒たちは、毎朝防空頭巾にもんぺ姿で市内の一定場所にそれぞれ集合したあと、隊列を組んで工場入りをした。さすがに日曜日は休みだったと記憶するが土曜日は終日〈仕事〉であり、昼休みと空襲警報のとき以外は、来る日も来る日も作業のみであり、「お国のため」とはいえ、故佐久間惣治郎先生のご教訓たる「片手に論語　片手に算盤」のいわば学業に類するものはその片鱗さえなかった。

私は当時公民科の時間講師という資格であったが、この五十人の生徒の引率の責任を持たされ、工場の一隅には引率教師用の机さえ設けられていた。私は生徒の作業の手伝いをしてかえって部品をだめにしたり、小刀を研いで前より切れなくしてしまったりでろくな仕事もできなかった。そして毎日笑い声さえない陰鬱な空気の中で、単純な反復作業を余儀なくさせられている生徒たちに対しながら新米教師としての大きな空虚感をどうすることもできなかった。

動員後しばらくたってから私は工場側と交渉し、たしか竹やり訓練と交換条件のような形で毎週一回朝三十分の授業時間をもらうこととした。わずかなこの時間だけでも黒板の前にみんながそろうことによって、本来は学業にはげむべき年齢であることとの意識を忘れさせないようにしようと考えた。もとより短時間でもあり、まともな授業ができるわけのものではなかったが、大部分の時間は詩や短歌、あるいは小説や歴史の断片など、女生徒の年齢に応じた情操の注入に努めた。

もっとも、戦争もたけなわのころであったので、たとえば黒板に生産魂などと書いて日本書紀だったかの「国造り」が「むすび（産）」からきているなどとある国文学者の受け売りをしたり、生徒たちの作業は敵国でいうLabourではなく盟邦ドイツのArbeit Dientであり、国民としての尊い奉仕だ、などとわかったようなわからないような時局なみな話も、当時はまじめな気持ちで話した。

そのうち工場は始業時間が早くなり、一日の作業時間が延長されることになって、当時の「汽車通」の生徒の一部は通勤が不可能となったが、それは勤労動員をやめる理由にはならなかった。そして本納や大網の在あたりから通っていた生徒十数名は親許をはなれて神明町だったかの宿舎住まいとなり、そこから毎日工場へ通うことになった。終戦になったのはそれからまもなくだったと思う。

生徒がこのようにして懸命に努力してできた海軍の木製雰式戦闘機が一機も飛べなかったということを聞いたのは、ずいぶんあとになってからのことであった」[4]（中島正弘）

戦争が激しくなるにつれて、町内や学園内では防火訓練、救護訓練が頻繁に行われるようになった。職員のなかから出征する者も出てきた。惣治郎を補佐し教育に携わっていた次男の高明も、昭和一九年（一九四四）に出征することになった。父と母にあてたその書簡には、次のような心境が書かれている。

「前略、只今より心おきなく入隊いたします。父上、母上、何卒お体を大切にして長生きしてください。生命があったら七、八年後に帰って、再び父上の志を継いで教育報国に尽力致します。死ぬ時には渾身の武力を振って大義に殉じ、生徒に対して立派に忠義の如何なるものか身を以て実行し教訓を遺しましょう。何れにしても日本男子の本懐これに過ぐるものはありません」

戦況が深刻さを増していた昭和一九年（一九四四）三月、惣治郎は土地、校舎、寄宿舎など一切の財産を寄付して、個人経営から法人経営に組織を変更し、財団法人千葉女子商業学校を設立し、その理事長に就任した。

そして翌昭和二〇年（一九四五）四月には、千葉女子商業学校は、乙種から甲種に昇格した。乙種は三年制、甲種は四年制である。ほんとうは最初から四年制にしたかったのであるが、四年制にするには、財団法人として相当の基本金を持たなければ許可されない規則があったので、とりあえず三年制として発足していたのである。

経営を始めて一二年、数々の労苦に耐えながら、至誠一貫力を尽くした甲斐あって、生徒数は八七六人になっていた。

国内の厳しい状況にもかかわらず、卒業生の就職率はきわめて高く、就職先では惣治郎の教えを実践して評判を得た。千葉女子商業学校は、名実ともに県下有数の私立学校になっていたのである。

惣治郎は、六八歳になっていた。ふつうならこのあたりでそろそろ引退し、静かな余生を送ろうかという年齢である。しかし、それは許されなかった。あまりにも厳しい試練が惣治郎を待ち受けていた。空襲によって、学校が全焼したのである。

八　試練を乗り越えて

空襲で校舎焼失

千葉市は、昭和二〇年（一九四五）六月一〇日と七月六日の二度にわたって大規模な空襲を受けた。とくに七月六日のいわゆる「七夕空襲」は、B29約一〇〇機が夜半から三時間にわたって爆撃を続けるという、激しいものであった。はじめは郊外にあった軍関連の施設を攻撃したが、そのあと千葉市の中心部にも爆弾や焼夷弾を落とし、市街地は火の海となって逃げ惑う人々で大混乱となった。

当時、長男の彊をはじめ息子たちはみな出征していて、学校にいたのは惣治郎夫妻と娘の久美、数人の教員と寄宿生、それに夜警の生徒だった。惣治郎は、学校の警備・消火活動のために、しばらく前から夜警の制度を始めていたのである。

「当時、上級生（三、四年生）は工場などに動員に行っていて学校にいなかった。校長先生が学校を守りたいということで、残った一、二年生が交替で泊まり込み、夜警をした。夜警は月に一回ほどまわってきた。学校が焼けた日、じつは私も当番になっていた。ところが父が「虫の知らせで今夜あたり千葉が危ない気がするから夜警に行くのはやめなさい。絶対に空襲にあうから、今日だけは行ってはいけない」と言った。私は友達にも申し訳ないし、どうしても行かせてほしいと頼んだが、家じゅうの人間が私を見張って、家から出してくれなかった。私は友達に悪いと思いながらやむをえず家にいたが、本当にその晩空襲があったのだ」（武藤よう子）

当日の空襲の模様を語る元教諭菊池文雄の証言は生々しい。

「七月六日の午後一一時半の空襲警報は、敵機B29の大編隊、千葉市への来襲を伝えた。鉄兜ともんぺに身を固めた生徒一一名、校長以下職員三名からなる当夜の警備員は一瞬緊張、日頃の訓練今こそと勇躍待機のかいもなく、敵機は意想外の大編隊で、しかも波状的に襲来し無数の焼夷弾、爆弾の雨下の前には、軍民必死の防衛もカマキリのかまにも等しくさすがの大千葉市も一朝にして灰燼に帰したのである。

かかる状況裡にあって、わが校舎は、直撃弾には見舞われなかったが、校庭に落下した焼夷弾は林立して火焔を吐く。この時、隣接の参松工場、本千葉駅はすでに炎上し、周囲の民家もことごとく紅蓮の炎にのまれ、今や、わが校舎は火の海の孤島となった。正門、南門、北口裏門は全く火焔に包まれ唯一の活路は炎上中の本千葉駅への通路が冒険的に可能であったに過ぎなくなった。四面の火勢いよいよ熾烈を極め、水道も貯水池もすでに枯渇、万策尽きて施すべき術もなくなった。今にして脱出せざれば団員ことごとく袋の鼠となって焼死のほかなき断末魔におちいった[2]」

いよいよ危険が迫ったとき、惣治郎はそれまで一緒に学校の警備に当たっていた貞と、菊池・村野の両教諭、生徒たちを千葉寺に避難させた。しかし自分はひとりその場に踏みとどまって、学校が炎上するのを一晩じゅうじっと見守っていた。B29の爆音が遠ざかっていったのは、東の空がようやく明るくなり始めたころであった。

貞の回想からは、慌しい避難の様子、学校を守るための必死の努力がかなわなかった悲痛な心情がひしひしと伝わる。

「その夜の宿直は菊池先生、村野先生、生徒十一名で夕食後わずかな書籍そのほかを生徒といっしょに主人のあの元気な声の指図で運んでくれた。今夜はどうぞ静かな一夜であるようにと願ったかいもなく、敵機の大編隊に襲われ、十一名の生徒は機を見て家路へと急がせた。いよいよ危なくなって近所の方が、ここにいては危険です早く避難しなさい、とおっしゃったので、わたしたちは学校をあとに千葉寺へと向かったが、主人は学校を去りがたく引き返した。私も後ろ髪を引かれる思いだったが、事務の竹内さん、寄宿生の平井さんと大切な娘さんをお預かりしているので、もしやのことがあってはお家のかたに申し訳ないので、残念ながら主人と行動を共にすることができなかった。

〔防空〕壕は、出征前に高明、弘太がかわるがわる改造強化をほどこした完全なもので、弘太が出征する前日も友人三人と手を加え、お父さんこれなら大丈夫、と安心を与えた。壕は生徒の生命を保護するところゆえ荷物などを入れる余地はなかったが、その夜に限って少し入れたのが助かった。主人が避難の途中引き返し先代調製の位牌、孔子尊像を壕に入れておいたので、これも助かりほっとした。その孔子尊像は理事の菊地さん、渡辺さんたちが山形自彊会員でいらしたとき奉迎式を行ったもので、山形の火災の折りには高内さんが千筆山まで背負って避難されたという話を伺っていて、因縁の深いものなので、今度の空襲の際にも助かったことを私は感謝している。

菊池村野両先生は、家のこともかえりみず学校をおまもり下さり、重要書類も菊池先生のおかげで焼失せずにすんだ。せっかくなにやかやとご後援下さった方々や諸先生の努力でこれからというところで焼けてしまった。……主人がここまでこぎつけた苦労、あの真新しい増築校舎、講堂には名家の先生方から御揮毫いただいた額掛け軸、主人が丑年だったのでテーブルの上にあった牛の置物、これは学校の守り本尊だと言っていたが、みんな焼けてしまった。一人学校を見守り、あの焼けゆく校舎を眺めていた主人の心中はどんなであったかと、私は顔を見るのも気の毒だった[2]」

やっとのことで学校から逃げ出した生徒たちも、爆撃を避けて朝まで海辺をさまようという恐ろしい一夜を過ごした。

「その場に居合わせた友人たちの話では、学校に焼夷弾が落ちて燃え始め、消火活動した人も居たがとても追いつかずに逃げたのだという。命からがら千葉から海岸伝いに夜通し歩いてへとへとになっていたら、稲毛か津田沼あたりで近所の知らない人が家に入れて何か食べさせ、ずぶ濡れになっているのを見て服もかしてくださったのだという。空襲から何ヶ月もたってこの話を聞いたとき、申し訳ない気持ちで一杯になり泣いてしまった」（武藤よう子）

爆撃がおさまって、翌朝いち早く駆けつけた生徒の証言が残っている。彼女の目に飛び込んできたのは、校庭に一人たたずむ惣治郎の姿であった。

「ようやく夜が明ける頃学校についたら、校庭の真ん中で手押しの消火ポンプのすぐそばに腕組みをした校長先生が立っていた。「先生」と声をかけたら「うん」と返事をされたが、あとは言葉がなかった」[7]（大西喜代子）

苦労のすえやっと軌道に乗り始めて、増築までした学校が焼け落ちていくのを、惣治郎はどんな思いで見つめていたのであろうか。そして朝を迎えた惣治郎の心に、一筋でも希望の光は差していたのだろうか。

寒川にあったこの校舎は、多くの生徒や職員から愛されていた。惣治郎一家が敷地内で暮らしていたので、単なる学校というよりも、もっと家庭的な暖かみのある場所と感じていたという声が多い。彼らはここで過ごした日々を生き生きと語っている。

「千葉女子商業が誕生したのは昭和九年五月だった。千葉市新宿町の参松飴会社に隣り合わせて、二階建ての校舎一棟（各学級教室および職員室・講堂）、平屋建ての校舎二棟（一棟は裁縫室および作法室、他の一棟は校長住宅兼寄宿舎、割烹室）とが約六百坪の敷地に運動場を擁して建っていた。……それはそれはささやかなこじんまりした学校だった。生徒の中には寄宿生が五人ほどいて、これが校長先生ご一家と寝食をともにしたのだから、まことに和気藹々たるものだった[2]」（村野いく教諭）

「通勤が無理だったので、校舎と廊下続きの校長住宅に住まわせていただいたが、貞先生には優しく家族同様にしていただいた。赴任したときに、立派な講堂付きの二階建て校舎が増築され、生徒数も多く活気にあふれていた。生徒はまじめで明るく素直な性格で、問題となる生徒はひとりもいなかった[7]」（小川栄子教諭）

「当時校長住宅と校舎とは渡り廊下で続いており、校長先生のお宅は家庭科実習の料理作りや医務室代わりに使用し、校長先生と貞夫人を中心に、学校には家庭的雰囲気が満ちていた。朝礼の時には、週番生徒が「日新録」の記録を朝礼台上の校長先生の隣に立って読み上げたものだ」[7]（昭和一三〜一六年の卒業生）

「この校舎で勉強したのは一年余りだが、思い出はたくさんある。小さくてかわいらしくて大好きだった。校長先生の住まいも校内にあった。畳敷きの作法の教室、校舎、先生の住まいの三つの建物が渡り廊下でつながっていた。先生の住まいの奥に台所があり、毎朝そこにお弁当を持っていった。そこには大きな食器棚のようなものがあって、下に練炭が入り、上に金網が何段も渡してあった。これが学校じゅうの生徒や職員のお弁当を温めるのだった。お昼になると、当番がやかんのお湯とお弁当を取りに行く。その時に校長先生の住居を見るのだった。とはいっても障子で仕切られていて、中の様子はよくわからなかった。それでも、校長先生が学校に住んでいらっしゃるということがとても珍しく面白く感じられた」（武藤よう子）

「目を閉じれば、初夏の日の光が一面につつんできた見覚えのある本千葉のクリーム色の旧校舎がいつも見える。その校舎も寄宿舎も、隣接していた校長宅も、あの大きな牛の彫刻も、歴史を深くきざみこんだ裁縫室も、終戦の年の夏、戦災で灰燼に帰してしまった」[2]（古山悦子）

その直後から学校の焼け跡の整理が始まったが、参加者の数も少なく、炎天下での作業は大きな困難を伴った。

「ご壮健だった校長先生はじめ恩師の先生方および級友とその廃墟にたたずんで、これも戦災を受けて見る影もなくなった市街を越えて、遙かに新緑の山々を望みながら、連日焼け跡整理を敢行した。先生があの白いあごひげをとられたのもこの頃だった」[2]（古山悦子）

「灼熱の太陽の下、余燼の焦土に挑んで焼け跡整理が敢行された。これこそ復興の第一歩である。交通、通信の途絶、食料および飲料水の欠乏、生徒職員の四散などのため、少数

の生徒職員は炎暑と飢餓と疲労と戦いつつ、遅々ながらも作業は進められていった」[2]（菊池文雄）

間借りして二部授業

千葉女子商業が焼けて一ヵ月余りのち、昭和二〇年（一九四五）八月一五日に日本は終戦を迎えた。生徒たちも次第に避難先や疎開先から帰ってくるようになり、全校の三分の一程度の数にまで増えた。教育をなにより大切に考えていた惣治郎は、一刻も早く授業を再開しようとした。しかし校舎が焼失してしまったのにどうやって授業を行うのか、という難問が横たわっていた。そんなとき、ありがたい救いの手がさしのべられた。

千葉市の登戸に私立千葉淑徳高等女学校（現、千葉明徳高等学校）という学校があり、幸いにも空襲の難を免れていた。この学校の創立者である福中儀之介が惣治郎と親しく、校舎の一部を提供しようと申し出てくれたのである。

こうして千葉女子商業は淑徳高女校舎の一部を借りて、九月より、午前・午後の二部制による応急授業を開始することができた。間借り状態ではあったが、生徒たちは久しぶりにのびのびと学校生活を楽しむことができた。

「学校が全焼し、しばらくのあいだ淑徳女学校にお世話になった。講堂と二教室ほどを空けていただいたので、そこで二部授業を行った。淑徳女学校は千葉女子商業からそれほど近くにあったわけではないが、校長先生同士が懇意で、そのご厚意でかしていただいたという話だった。休み時間も校庭の一部をかりてボール遊びなどをやった。淑徳の生徒さんたちも仲良くしてくださった。私たちをよそ者あつかいしたり仲間はずれにしたりすることは、一切なかった。同じ小学校から淑徳に行った人もいたので、懐かしい友達に再会することもできた。千葉女子商業の生徒は午前組、午後組に別れてはいたが、授業はふつうに行われていた。こういう状態が半年ほど続いた」(武藤よう子)

こうして私学同士の協力のおかげで、千葉女子商業は翌年の春、晴れて卒業生を送り出すことができたのだ。

新しい場所を求めて

しかし、いつまでもこのような間借り状態を続けるわけにはいかなかった。とはいえ、焼けてしまった校舎を再建する目処も立たない。そこで惣治郎は、旧軍用建物で学校に使えそうなものを探して毎日のようにかけずり回った。しかし、これはというところを見つけて県に使用交渉に行くと、あれは県立の何校を入れるからだめだ、といって断られるのであった。惣治郎の三男弘太は、復員が遅れたために父親を助けられなかったことを激しく悔いている。

「私は終戦翌年の昭和二一年三月、北支の戦線から復員してきた。すでに旧本千葉駅うらの校舎は全焼し、淑徳高等女学校の福中校長のご好意により新千葉にあった同校校舎の一部をお借りして、二部授業を行うかたわら、現在地の旧陸軍兵器補給廠跡に移転準備を進めている時だったが、この場所を手に入れるまでの父（創設者佐久間惣治郎）の苦心はたいへんなものだった。

戦災で多くの役所や公立学校が焼失したが、県・市当局もその事後処理だけで手一杯の状態であり、私立戦災校の面倒まではとても手がまわらないというところだった。早い話が、一私立学校が再起しようと、しまいと勝手にしてくれというムードにあったのだ。そのうえ、父を補佐してこの難局に当たるべき私たち三人の兄弟も軍隊からの復員が遅れたため一番肝心な時期に手助けもかなわず、二〇年七月に校舎を失ってからの父は、学校再興のため、孤軍奮闘、老軀にむち打ち、文字通り東奔西走、骨身を削る苦労の連続であった」[4]

惣治郎の苦労は、生徒たちにもよく伝わっていた。また父兄のなかにそんな惣治郎を支えようとする人々もいた。

「その間、校長先生は本当に靴がすり切れるほど何度も県庁に通って国の建物を使わせてもらえるよう交渉していらした。父兄の中にも、毎回校長先生と一緒に県庁に足を運んでくださった方もいたという。しかし私立はあとまわしにされ、なかなか許可がもらえなかった」（武藤よう子）

このようなことが三回も続いて、惣治郎は、公立優先で私立学校はどうなってもかまわない、という教学課長の態度に憤慨した。四度目に轟町の旧兵器補給廠の話を持って頼みに行ったときには、もし今度許されなければと、相当の覚悟で臨んだという。

その惣治郎の悲壮な思いが伝わったのだろうか、ついに了解が得られたのである。ただしその後も、軍や大蔵省財務局、県庁調整課などで煩雑な手続きを行う必要があり、惣治郎の心労は尋常でなかった。学校を続けようというよほどの熱意がなければ、ほかの大きな学校に身売りしてしまおうと考えても仕方のないような状況だったのである。

しかし、惣治郎の教育に対する人並み外れた熱意を感じ取って、力を貸してくれる人々もいた。当時千葉県知事だった小野哲はのちに回想している。

「それにもまして思い起こすことは、佐久間校長先生のご熱意が私を動かしたということである。当時の千葉市は戦災のために繁華街を中心として焼け野原と化し、駅から県庁まではバラックが建てられていたものの、街灯もなく夜の一人歩きは男子でさえ気味悪い思いをしたし、食糧不足に伴う社会不安が幽霊のように千葉県を覆っていたころのことである。

ある日私に面会を申し込まれた人々の中に校長先生〔惣治郎〕がおられたのである。私は初対面であったが、二人だけでお目にかかり、先生から女子商業の復興について詳しいお話を伺った。熱心に説明される先生の素朴ではあるが誠意のこもった態度に私は心打たれ、何とかお力添えをしようと思ったのである」

千葉補給廠長であった森昭も、惣治郎の意気込みに心動かされた一人である。

「思えば終戦後私が補給廠の残務整理をやっていた、昭和二一年春頃、廠長室に年老いた方がステッキ片手に突然何の前ぶれもなく現れた。それがまごうかたなき元校長佐久間先生であった。その当時の先生は、見たところ大変憔悴せられいかにもお気の毒なおすがたであった。それもそのはず、先生がさきに経営せられた寒川の女子商業学校校舎は、敵の千葉大空襲により、哀れ全焼灰燼に帰し、それを復興すべく全力を傾注せられている時だった。

それで校舎を旧陸軍の建物に求むべく、不屈不撓あらゆる努力をせられたが、当時各種の希望者が、非常に多くその運動も激烈を極めた。まず第一候補の市川市の各兵営はだめ、第二番目の稲毛陸軍防空学校が手に入らず、戦車学校には米兵がおり、その後は地理調査部が入ることになっており、万策尽きて私の所へお見えになった始末である。ところが補給廠もまた、種々の個人や団体からその土地建物を活用すべく希望続出しあり、補給廠残務整理のあとは、当分日本鋼管千葉作業支部が兵器処理にあたるため、なかなか容易に土地建物の入手困難の実状であった。

その後たびたび御次男と共に来廠せられたが、元校長先生の熱烈なる教育意識と、その忍耐至誠一貫の人格ぶりを目前にして、私学振興のためにも、窮状見るに忍びず、……学校に利用するよう取りはからったのである。その時の校長さんの喜びは言語に絶し、あの老顔に、にこやかな笑みをうかべいかにも安心満足せられたさまは、今昔の感に堪えぬ」

ちなみに、このことがきっかけで惣治郎と知り合った小野哲は、惣治郎のたっての願いでのちに千葉女子商業の理事をつとめ、惣治郎の死後には第二代校長となって、学校の発展に尽くした。

轟町の新校舎で

こうして昭和二一年（一九四六）四月一日、千葉女子商業学校は轟町に移転した。じつはこの兵器補給廠は、千葉女子商業とあながち縁のない場所ではなかった。戦時中の昭和一九年（一九四四）から二〇年にかけて、三年生五〇人がここに勤労動員されたという記録が残っているのである。[5]

ここは、文字通り惣治郎の血のにじむような苦労の末、ようやく使えることになった建物であった。しかし、もともと兵器補給廠であったから、当然ながら学校としての施設、備品は何もなかった。そこでまず、広いがらんどうの建物に間仕切りをして、にわかごしらえの教室にした。仕切りが不十分なので、まわりの教室の授業の声がもれきこえていたという。

惣治郎にはかつて山形中学時代、大火によって校舎が全焼したときに、市内の劇場や寺院を借りて授業を行った経験がある。大きな部屋をついたてで仕切り、いくつかのクラスを入れて授業をしていたのだった。そのときに、ほかの教室の声がもれてきてしまうという問題を解決するため、声を出さずに授業を行う方法として、合一法を始めた、というエピ

兵器補給廠に移転した当時の学校風景

第一棟校舎2階（昭和21年 夏）

ソードが思い出される風景である。
また、机や椅子も不足していたため、兵器を置く台やミカン箱で代用した。黒板にいたっては、板の切れ端を釘でつなぎ合わせてそれに墨を塗りつぶして使用する有様であった。生徒たちも勉強するだけでなく、学校のために懸命に手伝いをした。

「稲毛の軍隊払い下げのいすや机を歩いて引き取りに行った。大きな椅子は八人ぐらいで運んだ。少し歩いては休み、少し歩いては休みで、今思えば稲毛から轟までよく運んだものだ。ときどきトラックが横を通ると、あれに乗せてもらえたら楽なのに、どうして校長先生はトラックを頼んでくれなかったのだろう、と恨めしく思った。おそらくそんな余裕はなかったのだろう」（武藤よう子）

「緑の少ない校舎だったので、裏の弾薬庫の松林から二メートルくらいの松の木をいただいて校舎のまわりに植えたこともあった。今……大きく育った松の木を見ると、リヤカーに積んで汗を流したことがなつかしい。グランドでは運動部の生徒が整地作業もよく顧問の先生といっしょにした。ツルハシ、スコップ、カマなど慣れない手つきで動かしていた」[4]

（立野輝夫教諭）

しかし、こうした重労働に従事しながらも、自分たちの学校を手に入れた生徒たちは大喜びだった。

「轟町の校舎に移ったときは泣いて喜んだ。もう空襲におびえることもないし、別の学校に間借りすることもない。この学校で大いばりで学べるのだ。新校舎は、従来の建物を改造して使った。にわかごしらえであっても、自分の学校だと思うとうれしかった。天井が高く仕切りが上まで届かないので、別の教室の授業の声がきこえていた。しかしそんなことは気にならなかったし、文句を言う人もいなかった。むしろ楽しい経験だった。

お金がないながらも、オルガンを買ってくださったので、戦後は歌を教えてもらうことができた。卓球台も買ってくださったし、外ではバレーボールもできた。卒業間際の短い期間だったが、青春を謳歌できた」（武藤よう子）

「生徒たちの服装は、戦争中のままのもんぺ姿に、破れかかったズックや長靴みたいなものを履いたりして通学した。こんな窮屈な状況下にもかかわらず、生徒たちは学校へ来て勉強できることをこの上なく喜んでくれた。戦争中、もう二度と先生や友達と楽しい学校生活を送ることもできないし、いつ空襲で死ぬかわからないと、彼女たちは小さな胸に自ら言い聞かせて覚悟を決めていたのが、思いがけなく平和が蘇って、生きてこうして勉強ができるんだという心の充実感があらゆる障害を吹き飛ばしたのだろう」[4]（佐久間弘太）

昭和二二年（一九四七）に赴任してきた若い教師が、この時期の学校や生徒の様子を書きとめている。古びた殺風景な兵器補給廠の建物と、若さに満ちあふれた生徒たちの熱気のコントラストが印象的である。

「私が着任したのは……昭和二二年七月三日だった。桜の並木とからたちの土が続く兵器補給廠跡の営門を入ると、広い舗道の右側には主のいない衛兵詰め所や兵舎が立ち並び、左には南北にのびた殺風景で大きな倉庫が三棟建っている。手前の二棟はがらんとして人影もなく、奥の三棟目だけが木造の二階で、色あせた黒瓦に灰色のモルタル塗りという建物である。一見、牢屋という感じで高い屋上に望楼が見え、朽ちかけた梯子がかかっている。

爆風よけの米型に紙を貼った狭い上下開閉の窓に人影のちらつくのが見えた。これが目指す学校だったのだ。広大な周辺は雑草が生い茂り、赤錆びたレールの上にトロッコ、貨車、装甲車などが放置されていて、校門も柵も見あたらない。どこまでが学校なのだろうか。

夏草やつわものどもが夢の跡

まさにその通りの廃墟であった。ゴーストタウンというところだ。灰色の建物の中央に「千葉女子商業学校」と墨書きした小さな木札で玄関とわかる。……職員は総勢わずかに二十人くらいだった。三棟のうちの中央の倉庫が今の体育館・柔剣道の建物（三棟と呼んでいた）で、校舎との間にはかつての建物跡のコンクリートの土台だけが白く残っており、そのあたりが生徒集会の場になっていた。私の新任紹介はそこで行われたのだ。一年生から四年生まで八百人くらいで、スカートに白線一本の入ったセーラー服という制服はほとんど見あたらず、皆まちまちの服装でもんぺ姿もたくさん見える。

紹介されて台がわりのコンクリートの縁に立つと、明るい顔、顔、顔が重なり並んで何ともまぶしく、その若さとむんむんする熱気に完全にあてられてしまった。彼女たちの瞳が輝いて見え、初対面の痩せて不細工な新任教師を心から歓迎しているようであり、そこにはなにかひたむきなものさえ感じられた。少々大袈裟だが、この瞬間にすっかり生徒のとりこになってしまったらしく、上気してしどろもどろの挨拶だったと思うが、これからの人生をここに賭けてみようと決心したことだけは確かだ。前もって学校の現況はうかがっており「やってみよう」とは考えていたが、恥ずかしながらそれほど確たる考えがあったわけでもなかったから、純情というかいかにも単純な青年だったのだ。若き日の懐かしい忘れがたい着任の日の思い出である。

昭和二二年という年は、千葉女子商業学校が二年前の戦災でそのすべてを焼失し、ようやくここに校地校舎を確保した翌年で、佐久間校長以下職員生徒一丸となって復興・再建に努めて一年を経たときだった。まだまだ前述の通りの環境で、いまでは考えられないお粗末な施設・設備の中での不自由な生活ではあったが、それがかえってお互いの連帯意識を盛り上げ、それなりに楽しい学校生活が展開されていたようだ。私を歓迎してくれたのも、あるいはひたむきな何かを感じさせたのも、そんな土壌だったからだと思う」[4]（渡辺敏教諭）

こうして千葉女子商業は、新しい土地で少しずつ本来の学校の姿を取り戻し始めていた。

昭和二二年（一九四七）に戦後初めて開催された金沢国体に、庭球部が県代表として出場するという明るいニュースもあった。

そんななか、惣治郎をつらい出来事が襲った。惣治郎の片腕となってよく惣治郎を補佐して学校の経営に当たっていた次男の高明が興亜大学（現、亜細亜大学）の出身であるという理由で教職追放（第二次大戦後、連合国最高司令部の命令によって、日本の民主化に不適格とされる教育関係者をその職から排除した処置）にかかったのだ。

教壇を去った高明は、農業に従事しながら再び教職に戻れる日を待っていた。ところが腎臓を患い、昭和二四年六月にその手術の途中で不慮の死を遂げたのである。やっと明るい兆しが見えた矢先だけに、惣治郎の悲しみはさぞかし深かったであろう。

それでも、学校での惣治郎は変わることなく生徒たちと接していた。


「「片手に論語　片手にそろばん」の教育は、入学してすぐに受けた。子どもにもわかるようにていねいに説明してくださった。酒屋を営んでいた私の父の考え方も、もうけ主義一本槍ではなく、校長先生の教えと似ていた。それで先生には親近感を持った。先生はいつも、そろばんと論語は車の両輪のように進んでいくのでないと世の中はうまくいかない。売ればいい、もうかればいいというのではなく、人間性を加味した商法でなくてはいけない、とおっしゃっていた。

校長先生は修身の授業を担当していたが、必ず論語の話をなさった。教員が足りないので数学も教わった。先生は詰め込み主義が大嫌いで、生徒が何ごともよく理解して覚えるようになさった。そのため教え方がとても丁寧で、いつも授業時間をオーバーした。鐘が鳴っても先生に聞こえているのかどうかわからないくらいだった。休み時間の半分くらいまで授業が延びるので、遊ぶ時間が足りなくなっていた。数学だけでなく、修身も丁寧に説明なさるので、いつも話が長かった。

毎朝全校の朝礼があった。校長先生は、上級生の当番二人に日新録をつけさせ、一日の反省を朝礼で読み上げさせた。それにたいして先生がコメントなさるのだった。日新録の当番はわたしも何度かやった。一日の出来事や感想などを書いたと思う。校長先生は、朝礼でも話が長く、暑い夏の日などは内心早く終わらないだろうか、などと思うこともあった。しかしそのおかげで、「片手に論語　片手に算盤」の話は文字通り身体にしみついた。しみつくほど教える、これこそ教育なのかも知れない。

また校長先生は、大多喜高女での悔しい経験を何度も話された。山形中学校時代の話も聞かされた。そういった話をなさるときには、たんなる愚痴ではなく、訴えるものがあった。先生の話を聞いていて、「官僚には情がないのだな」という印象を強く持った。先生が誠心誠意訴えているのにそれを汲んでくれないのだ、と子供心に思ったのだ。

先生は建前ではなく本音で話された。本音で話す先生は、生徒のほうでもそれとわかる。心から教えてくださる先生からは伝わってくるものがある。千葉女子商業には本音でお話しになる魅力的であたたかな先生が多かった。何人かこういう先生がいると、生徒は学校に行く張り合いができる。先生に会いたくて学校に行く、というところもあった。小さな家庭的な雰囲気の学校で、幸福だった」（武藤よう子）

「私は希望に胸をふくらませながら……入学した。校長先生は、佐久間惣治郎先生だった。白いひげをたくわえて、小柄ではあったが、一回りも二回りも大きく見えた。これが俗に世に言うところの人格というものなのだろうか。入学を許されたその日、先輩から、先生のあだ名が「山羊さん」であることを教えられた。いつも両手を後ろ手に組み、前かがみで、やさしい目つき、白いあごひげを撫でながら、歩いているお姿が今でも目に映る。

当時の校舎は、戦後どこの私学もそうであったように、我が母校も、兵舎の跡の敷地で広さばかりが目立つ、鉄筋の二階建て校舎とは名ばかりのものだった。しかしその学舎の中では、校長先生の意とするところの「片手に論語　片手に算盤」の一貫教育を受けた。また先生は昔話をよく聞かせて下さった。昭和八年寒川高等女学校から始まり、幾多の困難、まして戦災に遭遇なされたときなど……わたしは先生の、かたくななまでに変わることのない教育方針の下に過ごした」[4]（鈴木喜美子）

新時代、新学制への対応

この時期、ちょうど戦後日本の政治・経済・社会等の諸分野にわたって、諸制度が大きく改革された。昭和二一年（一九四六）年三月三一日に教育基本法と学校教育法が公布され、教育の機会均等、男女差別の撤廃や、特殊教育学校の整備が進められた。教育制度は、六・三・三制へと単純化され、義務教育の期間が延長され、普通教育の向上が図られた。これに基づいて、小学校および中学校が翌二二年（一九四七）四月に発足し、高等学校・大学は、それぞれ二三年、二四年に発足した。

新学制では、第四学年生は従来通り千葉女子商業学校の生徒となり、第一・二・三学年の生徒は併設中学校の生徒になった。千葉女子商業学校に併設された中学校の名称は、同年六月二二日、「併設千葉轟中学校」となった。

昭和二三年（一九四八）三月、旧制千葉女子商業学校は新制に移行し、千葉女子経済高等学校および同附属中学校と校名が変更された。新制千葉女子経済高等学校は、旧制千葉女子商業学校を継承したもので、その基本方針は一貫していたが、名称を「経済高等学校」としたのは、将来商業だけに限らず経済に関する諸学科を設置する含みを持たせたためであった。

九　学園の発展を見つめながら

晩年の惣治郎

惣治郎の身体は、若いころ「百姓できたえた」(惣治郎はそう言っていた)うえに、教師となってからは、ずっとテニスをやってきていたので、ひじょうに強健であった。しかし、すでに七〇歳をこえており、どんなに気を張りつめていても、心身の衰えを防ぎ止めることはできなかった。このころ、惣治郎が老け込んだと感じた人々が多かったようだ。

「昭和二五年の秋頃であったか、津田沼小学校の講堂で校長講習があって、先生の近くに座ったが、だいぶんお年をとられたな、とお見受けした。しかし講師のお話が終わるやいなや先生は、つと立たれて、ご自分の意見と体験とをまぜて長口説をもって述べられた。この時私はわが佐久間先生いまだ老いずと思って喜んだ」[2](鈴木光亮教諭)

「職員会議も、……佐久間弘太先生におまかせになり、会議中先生はほとんど静かに眠って居られるのが常だった。……ところが議事がひとたび生徒の過失などによる処分ないしは学習指導法などの問題になると、かっと目を開かれ、断固、声を大にして、その所信を述べられ、容易に曲げられることはなかった。このために、職員の意向を伝える弘太先生と意見の衝突をされ、親子で議論を戦わす風景が、間々見られたものだった。

「校長先生、先生方もあれだけ言われているのですからやむを得ないじゃありませんか」

「いや、そうではない。まだ先生方の努力が足りないと思う。もう一度指導してみるように。もう一度やってみたまえ」。

……なかなかユーモラスな風景で、先生方は顔を見合わせて、何とも言えない愉快な気持ちになるのが常だった。私どもは、ややもすると、「最大多数の、最大幸福のために、一部を犠牲にすることが正当である」もしくは「やむを得ない」という結論を出しがちなものだが、先生は、もちろん私どもの考えを十分にご承知の上で、なおかつ、処分に対する採決は容易にお下しにならなかった。……時には「なんて分からず屋の校長だろう」と思ったこともあったが、それは結局、まだまだ我々の努力が足りないからであって、「一人も棄てるべきでない」ことを念願として信ずる道を真一文字に進まれる先生に、頭を下げないわけに行かなかった。

先生を頑迷固陋のように評する人も居たが、それがいかに偏見であるかと言うことをつくづく知らされた。校庭で、生徒と一緒にいかにも楽しそうにテニスをしておられる先生は、まことに好々爺という表現がぴったりする感じだった。

……「犠牲者を出してはいけない」「ひとりも棄ててはいけない」「お預かりした以上、立派に卒業させなければならない」この先生のご意志を体し、今後とも精進していきたい[2]」（渡辺敏教諭）

「甘いもののお好きな先生は、当時の事務室脇で売っていたあんパンを三つ買われた。二つを食事にいただき、残りの一つを大きな机の引き出しにしまわれて、おやつに楽しまれていた。物の不自由な時でそのあんパン（いもあんを小豆色にして入れた粗末な物）を買うにも長い行列で早くしなければすぐ売り切れる有様で、気をつけていないとよく買い損なうことがあり、先生は十時過ぎると「パンを買っておかなければ」といって、よく事務室へ入ってこられた。

そのころは小使いさんも手不足で何ごとも一人でなさっていたが、ある日机の引き出

生徒たちで賑わう購買部

しの整理を仰せつかった。私は食べ忘れた例のあんパンを一つ見つけて先生に告げた。捨てようとする私に「あんパンは焼くとまた格別においしいのだよ」と言われ、四、五日たったパンをこんがりと焼かれてパリパリと音を立てて見事に召し上がってしまった。

　先生はよく、夕暮れの学園内を散歩された。わたしもご一緒させていただき、自然をありのまま観察する心を育てて下さった。「草花というものは、また何と忍耐強く四季に耐えて生きているのだろうね」と言われて、学園の隅々をゆっくり歩かれた[2]」（佐野貞子教諭）

またこのころ、惣治郎はよく「天は正義に与す」「至誠天に通ず」という句や、自作の、

唐大和なざれ天竺あてねまで

聖の道は一つなりけり

という歌を、太い筆に墨をふくませて書いていた。

惣治郎は、儒学に造詣が深く、儒教的な信仰をもっていた。しかし、同時に、「補うに諸家の長を以てす」をモットーの一つとしていたから、他の聖典にも親しんでいた。そして、儒教も日本精神もキリスト教も仏教もギリシア哲学も、その道は異なっても、結局根本は一つであると考えていた。赤坂中学校時代、惣治郎が、嘉納治五郎、杉浦重剛、江原素六など宗教も政治的立場も主張も異なるさまざまな人物とわけへだてなく親しくつきあい、教えを乞うていたことが思い出される。

惣治郎は、もともと事業家ではなく教育者であるから、学校の経営もビジネスではなく、教育者的な精神的理想主義の上に立っていた。そのため、経営上の問題が生じたときにもビジネスライクな処理ができず、そのためますます心配と苦労を重ねることが多かった。そして、これが心身を消耗させていた。

それに加えて、昭和二四、五年ころから、持病の痔疾がひどくなった。手術をすればよくなったのであろうが、息子の高明が手術で死んだ後だったので、惣治郎は手術を拒んだ。朝、激しく出血して、昼ごろまで起き上がれないことがしばしばあった。そのようなときには、家人が学校を休むよう勧めるのだが、学校が心配だからと言って、たとえ午後からでも、学校が終わった夕刻からでも、出かけていかなければ気がすまないのだった。まだバスも通っていなかったので、登戸の自宅から学校まで二キロメートルの間を、ゆっくりと徒歩で通った。二六、七年ごろには、足もだいぶ弱っていたので、杖をつき、途中で休みながら学校まで一時間もかかって歩いた。

長男の彊はそれに先立つ昭和二二年（一九四七）、内閣法制局在職中に家族と東京から千葉に移って、惣治郎と同居していた。孫の勝彦が、このころの惣治郎を記憶している。

「自分にとって惣治郎は優しいおじいちゃんだった。家庭のなかで厳しかったという思い出はない。白いあごひげがずいぶん長かったのを覚えている。私は小学校から帰ると草野球をやるのが習慣だったが、夕方になると着物姿の祖父がやって来て、じっと立ったまま私を見ていた。何も言わないのだが、祖父の姿に気づくと、そろそろ帰る時間だ、と思った。祖父からは教訓めいた言葉を聞いた覚えはほとんどない」

このころ学校の職員として働いていた大山リヨは、惣治郎と長い時間を過ごす機会に恵まれ、多くの思い出を記憶している。そこには教育者としてだけでなく、子を思う親としての惣治郎の姿も鮮やかに浮かび上がっている。

「校長先生は毎日毎日必ずバスか徒歩で学校においでになった。私は緊張してお茶を差し上げる。〔校長先生は〕ゆっくりとお茶をめしあがると学校を一巡なさる。一室一室丁寧に。その当時学校はまだ廊下が張られず、渡り廊下の歩きにくいところを親指を中に両手をしっかりと後ろに組んで、少し背を前かがみに足を中側に軽く上げてお歩きになる。後ろの腰には虫眼鏡が入った袋がさがっている。割合小柄なお体、そのお姿を忘れることができない。宿直室の畳など少しでも焼け焦げたあとなどあると、たいへん心配していらした。細かいところまでよく注意して下さった。

お昼の食事はたいてい菓子パン三個、学校に売りに来るあんパン、クリーム、チョコレートと三個買って差し上げると、二個めしあがってあと一個をきれいな白紙に包んで私の部屋まで三十分もお歩きになって、入り口の所にお立ちになり「これを〔あなたの〕子どもにやってくれ。子どもさんは達者かな。学校に行く途中さびしいところはないかな、勉強することはできるかな」と、小首をかしげやさしくきいてくださるのだった。私は感激した。………そのやさしい校長先生のお言葉が奥様はじめ家族の全部の方の、また学校の先生方全部のお言葉であった。

それからご長男が病気になられたときのご心痛はたいへんであった。学校においでになると校長室の椅子にどっかと腰を下ろされ「あの子はあまりに仕事が忙しい、人の年まで生きればいいが」と長嘆息していられる。………彊が京都から土産に買ってくれた、と喜んで見せて下さった、桐箱に入った筆と墨に見入っていられるご様子は実によいお父さまでいらした。

先生は漢詩、和歌をお好みになった。書をお書きになるとき、硯の墨をすりながらいろいろの経験談、亡くなられたご子息のお話、校長室の掛け軸の説明などたくさんして下さった。硯の墨ができるとお土産の筆を桐箱の中から取り出されて、さらさらと

唐大和なざれ天竺アテネ迄
聖の道は一つなりけり

とお書きになった。

まだまだいろいろむずかしい書をたくさんお書きになった。私はこれを読んでいただき、先生はその聖の道一筋にあらゆる情熱をかたむけ私財を投じ労しても労してもなお表面に浮かび出ない地味な子女の教育の道を歩いていらした。先生の老いられたお姿に接して苦労と尊さを同時に知ることができるのだ。

また、

垂乳根の母の籠もれる薬師堂
念ずる声や尚残るらん

とお書きになった。これは……先生の母上の歌であった。校長先生が目を病まれたとき お薬師さまにおこもりして願かけて眼病の回復を祈って下さったというお話を聞いて、先生のお母様も優しい偉い方だったんだな、と私は自分を考えさびしくなった」(大山リヨ)[2]

組織改革、復興事業

昭和二六年(一九五一)二月、私立学校法の施行によって財団法人千葉女子商業学校は、学校法人佐久間学園に組織変更された。

学校法人佐久間学園になった当時の役員は次の通りである。

理事長　佐久間 惣治郎
理　事　菊地 久吉　江波戸 博　兼巻 和一　小野 哲　佐久間 彊
監　事　吉岡 栄

また同じ年の五月には、働きながら勉強しようとする人々に高等学校教育を受ける機会を与えるため、夜間課程（定時制四年制）商業科を併設した。

夜間課程ははじめ商業科のみであった。しかし、千葉市とその近隣に建築科を志望する者が多いにもかかわらず、この学科を設置している学校がないことから、昭和三一年四月、工業課程建築科も設置した。なお、この夜間課程は昭和三六年三月、当初の使命を果たして廃止された。

学校の復興事業も、職員父兄はじめ関係者の努力によって、着々と進んでいった。

轟町の校地校舎は、法律的には大蔵省から一時使用許可を受け、使用期間を更新してきたのだが、昭和二七年（一九五二）四月、正式に売買契約を締結して売り渡しを受け、学園の所有になった。（ただし、三つあった棟のうち第二棟（後日体育館武道場として使用）は、国が賠償物資を保管する必要から払い下げが延期され、昭和三四年一一月に買収が完了した。）

なつかしき山形へ

この年昭和二七年の八月、惣治郎は再びなつかしい山形の地を踏んだ。じつに三六年ぶりであった。たまたま仕事でこの方面に出張する彊に同行したもので、妻の貞もいっしょに、第二の故郷への里帰りを果たしたのである。

惣治郎たちは、旧山形中学（このときは山形高等学校となっていた）で数十人の教え子たちと枝豆をつまみ、ビールを飲みながら思い出話に花を咲かせた。惣治郎が「山形は第二のふるさと、大正六年一月後ろ髪を引かれる思いで山形中を去ってから実に三十五年ぶりでなつかしい人たちと山河に再会した今日の喜び、感まさに無量」と語ると、その場にいた一同は目頭を熱くした。

夫のうれしそうな姿に、貞も感激している。

「四〇名かの今はご成功為された昔の師弟関係の方々にご縁の深い旧山形中学の図書室で和やかな会を催していただき、それはそれは大喜びで、佐久間先生万歳で皆様に送られ、上の山温泉で静養して帰宅した。山形中学とお別れして三十七年かの年月を経ていたが、……皆様にはお忘れなくかくも多数の方々が急にお集まり下さってお目にかかれたのをひじょうに喜んでいた。主人は晩年になってからは、毎日のように自彊会名簿とあの日新録の入れてある風呂敷包みを持って出勤していた。そして人様のお見えになるたびに名簿を広げ、皆様のご成功していらっしゃるのを自分のことのように話して喜んでいた[2]」

しかし惣治郎は、翌二八年（一九五三）の一月、第三学期の始業式に、生徒たちに話をした後急に気分が悪くなって倒れ、それいらい寝込んでしまった。肺炎で一時は命が危ぶまれたが、春になって回復し、再び起き上がることができるようになった。それでも心身の衰えは急速に進んでいた。

創立二〇周年

昭和二八年（一九五三）一〇月、学園の創立二〇周年を祝い、盛大な記念式が催された。この年は惣治郎の喜寿の祝いでもあったので、皆の喜びはひとしおであった。

「記念式典当日は天候に恵まれ、屋外特設式場は各界多数の来賓、卒業生等々参列する内に開式され、校長先生は長年の苦節が実に輝かしき式日を迎えたことを心から喜ばれたことと推察された。山形中学校時代の教え子に手を取られ、登壇し式辞を述べられた。そして校長の手を教え子が固く握り「先生おめでとう」と心から祝福された。そのお姿を見て、私は胸を熱くし、この瞬間こそ教育者佐久間先生の最大の幸福であろうと思った」[2]（立野輝夫教諭）

ほかにも記念の行事の一環として記念体育大会・市内小学校野球大会・展覧会・バザー・県下小中学校珠算競技大会が次々と行われ、また記念芸能会・学芸会等は、自治会館で盛大

体育祭での惣治郎（右）（昭和25年頃）

に開催された。

さらに学園の歩みを『創立二十年史』として、はじめて刊行した。

翌昭和二九年（一九五二）四月一日、男子部が新設され、これにともなって千葉女子経済高等学校は千葉経済高等学校と改称した。

男子部の新設は、時代の流れと各方面からの要望、附属中学校男子生徒の卒業などを契機として実施されたものである。しかし、女子教育に専念してきた学校沿革にかんがみ、完全な男女共学でなく男子部・女子部併学の体制をとった。

創設されてすぐに男子部に入学した生徒の回想を読むと、それまでの女子校とはまったく違った雰囲気が感じられて面白い。

「C57の引っ張る列車が駅に着いた。最近ではSLの写真をと騒いでいるが当時の房総線は蒸気機関車が走っていた。夏など白いシャツの襟は学校に着くまでに真っ黒になったものだ。六年間お世話になった佐久間学園も今思い起こすと校舎も兵舎の跡の実に殺風景なものであった。

たまには石炭ガラを目に入れながら通ったあの頃の思い出として残っていることと言えば、中学二年の頃、当時私たちの学年は男子一クラス女子一クラスであった。クラブ活動と言えば運動で、野球、卓球、柔道ぐらいであり、私たちクラスはみな柔道を習って少し強くなろうとしていた。高校の先輩がいて私たちは一番小さくいつも投げられ役であった。乱取りなどは立つと投げられ、畳の上にころがっている方が長かったものだ。立野先生、岡崎先生、富岡先生とも受け身、投げ技、寝技と毎日猛練習を続けた。

一学期も終わり夏休みとなり、柔道部は休みの間一、二週間練習することになっていたが、私たち下級生は練習をさぼり一日も出なかった。二学期が始まり陽に焼けた顔と白い歯を見せて互いの成長を確かめ合っていると、上級生から部員は道場に集合するように言われた。今日からまた練習かな、と軽い気持ちで行くと諸先生方先輩の態度が違う。一列に整列させられ、夏休み中の練習不参加についてたいへん怒られた。そのような精神では駄目だということで罰として「電気ブロ」に入れさせられた。電気ブロとはよく言ったもので、まず爪先だって膝を外側に曲げ両手を上に万歳の形をするのだ。三分も経過すると身体がブルブル震えどうにも止まらないのだ。体勢がくずれると怒られ、脂汗が流れて苦しい思いをした。

……翌年になると夏休みの合宿があり、練習もきつかったが、みんなで作って食べた豚汁の味が忘れられない。上級生となっていくと県の大会にも出場し、試合前の立野先生はじめ諸先生方の選手よりも心配そうな顔がそこにあったことが昨日のように思い出される。体も弱く消極的であった私たちが、今は社会に出てどうやら無事に過ごしていることは、あの当時に投げられても投げられても飛ばされてもついていった不屈の精神が培われたおかげと感謝している」[4]（渋谷好信）

またこの年の一一月に、惣治郎は産業教育功労者として文部大臣から表彰されている。

昭和三一年（一九五六）六月二八日、学校の創立二〇周年記念事業の一環として、惣治郎の永年の労苦に報いるため、卒業生・ＰＴＡの計画によって学校敷地内に校長住宅が建築、寄贈された。惣治郎は家族らとここに移った。このとき彊とその家族は登戸の家に残っている。最晩年の惣治郎は、それまでの苦労続きの波瀾万丈の人生からは想像できないようなおだやかな日々を送っていた。

「私は校長先生から、俗界からはなれた、透き通ったような感じを受けた。亡くなられる年の春はまだセルの単衣に綿入れのネンネコを召して、きちんと端座していられるお姿は、古武士の如く、お口から発せられる言葉は「ハッ」と返事をされ、そして「なるほど」「もっともで」「さようで」「ありがとう」。ほとんどこれだけだった。何という崇高なお姿、神様のような先生」[2]（大山リヨ）

最後の時

廃校寸前から経営を始めた学校がすばらしい発展をとげたのを見て、惣治郎もようやく安堵したのであろうか。昭和三一年十月一三日に、この世を去った。七九歳であった。

惣治郎の生涯は、教育者としては珍しく波乱に富んだものであったが、その死は教育者にふさわしく静かな大往生であった。学校の一隅の、卒業生や学校関係者から送られた新しい住居で、大勢の教え子たちに見守られながら、眠るように息を引き取ったのである。当時、小学六年生だった佐久間勝彦が惣治郎の死を悼んだ文章が残っている。大好きな祖父の死を直視した、胸に迫る内容である。

「　祖父の死

昭和三十一年十月十三日、午前八時二十分に、祖父はなくなった。十四日に火葬をし、十八日には、学校葬が行われた。

十月十一日の朝、起きてみると父はいなかった。轟町の家の方に行ったそうだった。祖父が急に、悪くなったので、見に行ったのだそうだ。ぼくのその日の活動は鈍く、いつも心配していて、勉強のことも、なかなか身にはいらず、休み時間の相撲も、負けどおしで、なんだか縁起が悪く感じられた。

勉強が終わると、大急ぎで帰った。

すると隣の家のおじさんが、門の所にいて
「おじいさんが悪くなったから、行きなさい。家の人は、みんな行きましたよ。」

と、教えて下さった。

僕は、自転車を出すと、スピードを出して、轟町の家に急いだ。

もう、日は沈みかかっていて、風も出てきて、あたりは、しーんとしていた。

足取りも重く、いつもより遅いように思えてきた。

いよいよ見えてきた。電灯のついている家は、僕の家だけだ。

着いてみると、角田のおばさん、米倉のおばさん、千葉経済高校の先生などがいらっしゃっていた。

僕は、まず祖父の所に行って、やせはてた顔を見た。

そして唇に、水をつけておあげした。

口はきけないが、年取った目がじーっとこちらを見ておられた。

つけると、まさにおいしいというように、口を動かされた。

その日は危ないというので泊まったが、祖父はなんともなく、昨日よりもよくなったようだった。

きのうから、一時間おきくらいに、体温、脈などを計っていた。

見守る人の顔は、時間がたつにつれて、真剣の度を加えてきた。

学校にも行く気にならなかったが、大丈夫だと言われたので、行った。

学校に行っても、おどおどして、気持ちが悪いような、変な気持ちになった。

勉強が終わると、急いで帰った。

いつ死ぬか、いつ死ぬかわからない。

親類は、ますますふえてきた。

小泉医師と親類の原田医師もいらしていて、みんなで、きんちょうした顔で見ていた。

祖父は、父と、千葉経済高校の富岡先生から、輸血したそうだ。

僕は、祖父の顔を見た。

息の出入りは、吸うのを一とすると、すぐ吐いて、五くらいたってから、また吸うのだった。

僕も、一緒に息をしていると、本当に苦しくなってきた。

祖父は、どんな気持ちなんだろうか。

やせはてた顔は、目はつぶり、鼻も動かず、口だけが、ただ動いているだけだ。

いつの間にか、目には涙がたまってきた。

外は、雨がしとしとと降っている。

僕は、死について考えた。

人間は、今、どうしてここに存在するのか。

それは、ある時生まれたからだ。

それなら、死ぬことだって、いつかは、あるはずだ。


次の日の朝、祖父のやつれたからだの動くところは、口、息を吸うごとに動く、のどぼとけ、あごが、上にあがって、いかにも苦しそうだ。その姿は、見ていられなかった。

医者を呼びに行く。

みんなの目が、祖父の顔に集中した。

祖母が言った。

「おじいちゃん、あんしんして死んでもいいですよ。みんなでやっていきますから。達郎ちゃんも、勝彦ちゃんもきいていますよ。」

涙を流し、祖父の耳の所で、声はかすれていた。
誰もが泣いた。
泣くまいとしても、どうしても泣いてしまう。
僕は、本箱にもたれて泣いた。
祖父は、聞こえたかもわからず、さっきと同じに息をしていた。
母は、弟に祖父の頭をなでさせているが、僕には感心できなかった。
僕の一番尊敬している、父よりも偉い祖父を、何でなでるのか。
僕は口に水を入れてあげた。
すると、わかったかのように、口を動かされた。
僕はとてもうれしかった。
懐中電灯で、目を照らしても、少しもびくともしない。
〝もうだめか〟
口の所に手をやると、左右に首を振った。
その時、僕の顔は活気づいた。
生き抜いてくれればいいが。

その時、またもや祖父は、大きなあくびをされた。
生命はのびるか。
その時刻は、八時十分であった。
雨は、まだしとしとと降っていた。
医者は、応接間で一服している。
ぼくは祖父から目を離さなかった。
八時二十分頃。
祖父は、息を吸ったままだった。
「先生」といって、医者を呼んだ。
次々と、人が代わって、水を口にしめした。
僕は、涙がたまり、泣くのが精一杯で、水はあげられなかった。
祖父の顔を見たくなかったのだ。
父のあげた水が、最後の水となった。
涙の雨。
「おじいちゃん。」

「おじいちゃん。」
僕は、窓を開け、おもいっきり泣いた。
雨も、本格的に降り出した。
学校からは、先生が集まって、涙を浮かべていた。
祖父はついに死んでしまった。
口に綿を詰め、顔は青ざめ、血の気がなくなった。
きれいに掃除されたときには、祖父は、この世にいないなと、つくづく思った。
それをうながすかのように、雨ははげしくなった。
僕の頭は、一瞬のうちに、ぼーっとした。
翌日、各新聞の朝刊には、祖父の写真と、略歴が、黒い線の所に、書かれてあった。
八畳は、昨日から、きれいに飾られている。
午後から、祖父を、御かんにいれた。
きれいな花で、祖父のからだを飾り、祖父の両手は、胸のところでにぎられてあった。
ふたをしめ、いくつかの小石で、釘を少しずつ、みんなで打って終わった。
それを、先生方が運んで、車に乗せた。

僕達は、その車に乗り、ほかの人達は、タクシーに乗って、何台も追いかけてくる。

火葬場に着くと、かんをおろし、鉄でできた車に乗せて、燃やす所に持っていった。

祖父のからだは、今、火葬室に入れられた。

僕は、そこを離れたくなかった。

心の中で「さようなら」と、いって、その場を立ち去った。

だが、僕の目は、火葬場の煙突に注目した。

五分位たつと、煙はたちはじめた。

「ああ」と、ついさけび声をあげてしまった。

この煙を見ていると、僕や、弟の小さかった時、かわいがってくださった事が、思い出された。

約一時間、煙は消えた。

取り出した台には、祖父の歯、祖父の骨が、いたいたしく残っていた。

二人で、一緒に、骨を取っていく。

祖父の歯は丈夫で、大部分残っていた。

その骨は、御骨として箱に入れられた。

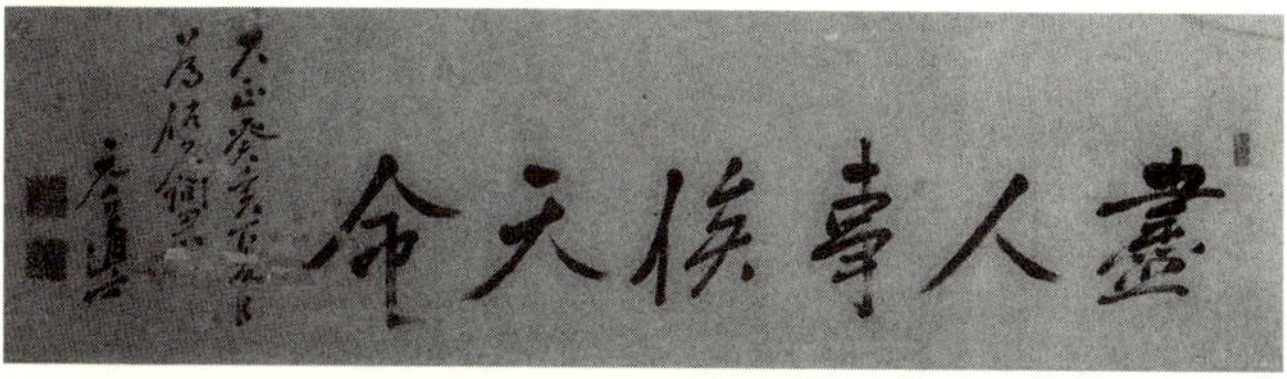

杉浦重剛より贈られた書。臨終の居間に掲げられていた

……」[2]

惣治郎の娘の久美もまた、惣治郎の清らかな最期の様子を思い起こしている。

「パパはいつでも何ごとでも、〝ありがたい、ありがたい〟と感謝していらっしゃいましたね。日々の食事の時も読書の中に何ものかを発見した時も、また逆境困難の時も、そして最後に轟町の学校を探し出すことのできた時も。〝ああ有難い。天が助けて下さった〟と今もパパのお声が耳に残ります。微笑みが目に映ります。ほんとうに、みち足りた歓喜に憩い感謝する姿が……。人間の真の喜びが〝与え、苦しみ、犠牲になる〟ことであるを以て、いつも何何して下さったとけんそんな態度であの困難な七十余年の苦しみの数々を有難いといって、あのみちたりた喜びを示されていたパパ。ああ私はうらやましい！　ご病床にあっても常に笑顔を忘れず、お薬までも〝ああおいしい！〟と仰いましたね。そして死も与えられるままに、ほんとうに喜んでお受けになりました。知らぬ間にやってくる死。予告無しに、そして突然にやってくる死を、静かにおうけになりました。パパ私はうらやましい」[2]（クミ・マクラフォン）

臨終の間には「尽人事俟天命」という額がかかっていた。これはかつて杉浦重剛が惣治郎のために書いたもので、惣治郎は生前これを大切にし、空襲のときには防空壕に入れて守ったものである。惣治郎は、この言葉のとおり、天命を信じながら自分に与えられた力の限りをつくして、その生涯を終えたのである。

翌一四日午後一時から自宅で親族・学校関係職員・生徒代表などが参列して密葬が、同月一八日午後には、学校の講堂において学校葬が執り行われた。学校葬の当日は、激しい風雨が葬場にふりこんできた。参列者は三千余人に及び、惣治郎の死を惜しんだ。

午後一時、遺族・親族・導師が入場。壇上では唱和される読経のなか、つぎつぎと弔辞が寄せられた。

弔辞のいくつかを紹介しよう。

激しい風雨の中で行われた葬儀

まず、戦後、惣治郎が学校用地を探している時に出会った小野哲である。小野は葬儀委員長を務めた。

「維持昭和三十一年十月十三日、千葉経済高等学校長学校法人佐久間学園理事長佐久間惣治郎先生が忽焉として長逝せられましたことは独り本校のみならず、わが教育界の一大損失でありました誠に哀惜の情に堪えません。……

先生は明治十年三月十五日千葉県匝瑳郡須賀村佐久間徳太郎氏の長男として呱々の声を挙げ少年の時より、青雲の志を抱き千葉師範学校及び東京物理学校に学び学を卒えて山形中学校教諭として赴任し勤続十五カ年、その間専門の数学教育の上においてのみならず訓育指導の上に工夫研究を重ねて卓越せる実績を挙げられ、父兄の信望頗る厚かったのであります。その後東京、群馬、長野各府県の中学校教諭を歴任し、昭和三年九月本県大多喜高等女学校長として来任され、内容の充実と校風の刷新に努められその成績頗る顕著でありましたが先生の信念は当時の教育界に相容れられず退職するの止むなきに至ったのであります。

先生は己の抱懐する理想を実現するには私学を興すほかなしと決意し昭和八年三月私財をなげうって私立寒川高等女学校を買収して校長となり翌年県下最初の女子商業学校を創設し至誠一貫を以て教育信条とし道義と経済の兼修を以て教育の目標として爾来二十五年本校の経営発展に専念せられ昨年は産業教育功労者として文部大臣より表彰の栄誉を受けられたのであります。

今や戦災の復興成って一万坪余の敷地と二千坪の校舎八千坪の運動場を擁し、生徒数千三百、職員七十余を数える盛況をみ先生の素志は不滅の伝統となり、永久に光輝を放つことになりましたのに遽かに先生の温容に接することのできなくなりましたことは返す返すも遺憾の極みであります。ここに恭しく弔意を表します」[2]

つぎは、大多喜高等女学校校長を免職になった惣治郎を自分の学校に迎えた長戸路政司（千葉県私立高校協会代表）である。教育にたずさわる先輩としての惣治郎を、敬愛してやまなかった心情がうかがわれる。

「先生は青年時代から教育界に身を投ぜられ、終始一貫八十の高齢に達するまで素志を変えなかったのであります。

この間、幾多の波風はあり事業の一進一退はあり、時には心血をしぼられたこともありましょうが、先生の御意志は毫も動きませんでした。実に先生は教育そのものをもって、人生を全うせられたのでこの点に於いて何人も先生に対して、頭を下げないものはないでありましょう。

私は先生より若きこと七歳郷党の後輩として、或いは教育問題に付き、或いは人生問題につき幾度か貴重なご指導を受けました。

今から思えば、実に感慨無量であります。

先生は青年時代に於いて陽明学を修められ、陽明の知行合一をこの信条とせられましたのでこれが先生の一生涯を貫き、先生が我が理想は高くこれを掲げ、我が主張は堅くこれを貫き、我が信念は断固これをまげない。

世の中の毀誉褒貶は眼中になく損得利害にも少しも動揺せずひたすら我が理想使命を目当てに、一生涯を貫いた尊き御精神は、先生が青年時代に修養された陽明学派の知行合一の賜だと私は、今尚信じております。

戦後乱れたこの日本に理想もなく信念もなく、主張もなく、唯浮き草の如く動揺やまない現状に於いて先生の如く逆巻く怒濤の真只中に毅然とたった巌の如き風格を思い浮かべ実に、寂寥に耐えません。

ご逝去に対し哀惜の念に耐えません。然し人生は何時かは終わるもので先生が八十歳になんなんとするまで天寿を全うせられ、……先生の遺物ともいうべき学園は日の出の勢いを以て発展途上にあるので、実に先生は無上の幸福を満喫せられたものと思います。

地上に於いて、大いなる成功をおさめられた先生よ何卒天上に於いても一段とご冥福あらんことをお祈り申し上げここに謹んで御霊前に額付きます」[2]

千葉私学団体連合会会長の古賀末吉は、私立という困難な状況の下で幾多の苦難に見舞われながらも理想の教育を実現した惣治郎の偉大さを訴える。

「先生は信念の人でありました。理想主義者であり、よき意味の自由主義者でありました。かつて、公立学校に教鞭をとり、後校長に栄進してからも常に、抱懐する理想と信念の前には、自己主張に忠実であって、教育者の会合に列席しては、到るところがくがくの雄弁を以て、聴衆を圧し会議をリードしていたことは、あまりにも有名でありました。然るに統制と監督下にある公学を見限り、敢然として、県都、千葉の都川のほとりに地をトして、女子商業学校を創建し、父兄の信頼を集めて校運弥々隆昌に赴きつつあったのでありますが、戦火により不幸全校舎は烏有に帰しました。

然るに闘魂たくましき先生は、絶望することなく、理想実現の為再建を決し幾多の悪条件下万難苦と戦いながら、施策宜しきを得て再建の悲願を達成し校運弥々盛であります。

この不撓の努力に依る再建の偉業を成し遂げたことは常人のよく為す能わざるところでありまして、私学人斉しく、敬仰惜しまざるところであります。

然るに先生が常に胸底に、抱懐していた理想よりすれば現状を以てしては、満足するところではなく幾多の施策経程を描いていたことと察します。思いをここに致すときかえすがえす残念であり、本県私学にとっても哀惜の情を禁じ得ないのであります。しかしながら、学園の後図については、継承するに理想の相続者を得ているのであります。[2]」

山形中学で惣治郎の教えを受けた菊地久吉は、惣治郎が教育者としての信念を貫いたことを語り、その死を悼んでいる。

「先生と私は五十年来の師弟関係にて私は山形中学二年生の時先生は東京物理学校を卒業後数学の先生として初めて赴任されてより一身を打ち込んで教育に当たり特に生徒の恩恵善導に心を致され自彊会なる学生修養機関を作られ校外の御薫陶にも多大の努力を尽くされました。

先生は終始一貫教育者として上に媚びることなく固き信念を持って正に堂々の意見をはき率直勇敢に自説を主張されました。大多喜高女校長を最後に自ら私学校を開き千葉女子経済学校を独力を持って創立されて以来年々歳々に先生の偉風をしたい集まる青年男女は数知れず遂に男女をも併用してその発展途上戦災に灰燼に帰したが再建して今日では男女千三百名を収容し一大経済学校に到る。

先生は終始一貫、文字通り之を貫き如何なる迫害困難も一層勇気を持って克服し今日の隆盛を見るに到った功績に深く敬服致すものであります。
　先生はこの時に八十歳の天寿を全うせられたとはいいこの損失は当校のみならず我が国教育界の一大損失と誠に残念の至りであります。……先生の残された精神は学校と共に末永く社会に貢献さるるものと信じます。[2]」

　ＰＴＡ会長の林良夫の弔辞も、敬意に満ちたあたたかな内容である。惣治郎が生徒だけでなく、父兄とも強い信頼関係で結ばれていたことがよくわかるが、これはめずらしいことではないだろうか。

「維持昭和三十一年十月半ば落ち葉散りしく秋哀の期に日ごろ私どもが教学の神ともお願い申し上げておりました佐久間惣治郎先生には突如として、不帰の客となられました。凡そ人生の行きずりは、会うも別れのはじめとか言われますが、余りの悲しみにただ呆然とするばかりであります。
　思えば、先生には青年のころより勉学の志高く、民族の発展と子弟教育の重大性を感銘せられ、憂国の情に燃えつつ、八十年の境涯を至誠一貫、教育に捧げられ、就中昭和八年三月、私立寒川高等学校設立以来、私学経営の苦闘をなめつつ、あるいは戦火に遭いて、身命を賭したる学校施設を灰燼に帰し、あるいは社会経済の混乱の中に、数多き難局を克服せられ、つねづね温かき教鞭を、子弟教育の熱情に振るわれしこと、慈父の如く、先生の「片手に論語　片手に算盤」をモットーとするご教訓こそ、五千にのぼる卒業生徒の心魂に徹したる感銘であります。また一度先生の御高徳に接したる人々は、その愛情天雲の如く、そのお慈しみは慈雨の如く、先生と終生をともに教学にいそしんで参りました職員は、菊池、村野両先生をはじめとして多数にのぼり、数十年の歳月を、一日の如く先生の御徳をお慕いして参りました。……

私どもＰＴＡの父兄も、在校生徒と共々に、先生の残された御遺蹟を守り、ますます本校の名誉を高揚しご教訓に恥じない努力をお誓い申し上げるものでございます。[2]」

同窓会代表の早野ミサ子は、惣治郎に直接語りかけるように弔辞を述べた。

「先生には八十有余年の永い御生涯を一貫して育英事業に従事されるという、教育に生まれ、そして教育に死す御生涯でございました。この永い一生のうちには教育の理解のない、時の一部官僚から迫害、圧迫されましたがこれに屈せず、むしろその信念は火の如くもえたち勇躍して、学校経営に邁進されたのでございます。母校の前身、寒川高等女学校が実にそれでありました。当時寒川女学校は全校生徒三十余名という、恐らく県下はもちろんのこと全国的にも最も生徒数の少ない学校であったろうと存じました。少ない生徒をかかえた私立学校の経営はどんなに困難な事でありましたでしょう。

その進路は十重、二十重と実に文字通りの茨の道でございました。この間に処する先生のご苦労は筆舌のよくする所ではございませんでした。しかし、ここに二十幾星霜の今日血の滲むような先生のご努力は遂に報いられまして、現在は官公立をはるかに凌ぐ校舎そして生徒数を有し隆々たる校運を迎えたのでございます。この間卒業生を送る事五千人の多きに達し何れも家庭に社会的に活動し今や家庭の中堅層を占める人達でございます。

悲しいかな先生は再び帰ります日のない旅にたたれましたが、肉体は土に帰りましても、その御霊は永々母校にとどまりまして御在生中同様に深い御慈愛をたれ下さることと信じております。先生の持ち続けられました信念は今や私たち教え子に受けつがれまして、永劫不滅の光を放つであろうと存じます。先生にも恐らくご満足遊ばされる事と存じております。

先生、本当に永い永い間学校の事につきましてご苦労様でございました。これでお別れを申し上げます[2]」

そして二人の在校生の弔辞に移る。どちらも高校生とは思えないすばらしい内容で、惣治郎の「片手に論語　片手に算盤」の教育がみごとな形で結実していたことがうかがわれる。

「秋雨蕭々として寂寥の感天地を包み校庭の秋草も自ら頭を垂るる朝忽焉として先生には偉大なる生涯を閉ざされました。御危篤の悲報に接するや吾等生徒一同只管御平癒を祈願いたせしも一時小康を得られたるはつかの間、十月十三日午前八時二十分大往生を遂げられました。

……吾等教え子に接するや春風の如き寛容と温情は先生のご性格の最もお懐かしき一面でもありました。嘗て先生のご教訓を体し先生の御薫陶に浴したる吾等は、一身上について迄も御愛顧御指導を受けたることも忘れることが出来ません。かかる事にまで先生の御温情に甘えて事多き御身を煩わしたことを今更勿体なく思わずにはいられません。それにも拘わらず先生は如何なる場合にも御懇切なる御指導を下さいました。故に公私に関して深い苦悩煩悶を抱いたものは先生の御膝下に走ってその御教示により再生の恵に浴したものも決して一、二には止まりません。吾等の先生を慕い仰ぐことの深いのもまことに故あることであります。思いもかけぬ訃報を得て驚きと悲しみとで唯茫然として立ちつくすのみでありました。直ちに先生の門に走り先生の御亡骸の前にひれ伏しましたがもとのままなる平和な御顔にもはや温かい血の色を拝することはできません。優しき御口にももはや御声を聞くことはできません。これまで妄りに先生の寛大に甘えて先生の御温情を煩わし奉ったことがそぞろに後悔されますとともに受けし海岳の御恩に対してお報い申し上げしものの余りにも少なかったことが恥じらるる許りであります。せめては心ゆくまでお詫びを申そうにも今はそれすら叶わず、ああ悲しむべし風樹の歎。

先生の広き御心は之をしも御恕し下さいましょうか。さりながら先生、先生の至誠一貫天に通ずと叫ばれた堅忍不抜の精神は脈々として吾等の血潮を躍動せしむるのであります。しかれども諸行無常落花再び帰らざるは世の常ではありますがここに御遺影に拝跪し呼べども御応えなく叫べども御返しなく寂として声なし。ひとり香の煙空しく立ちくゆるのみ。先生今やこの世になし哀惜の情筆舌に尽くしがたく暗涙とめど泣きを如何せん。

紫雲たなびく西方の空、永久の旅に立ち給う先生の御霊よ安かれ。願わくば白き鳥となりても御あとを慕わん。

拙き言の葉を連ね生前の御高思を謝し併せてご冥福をお祈り申し上げます」（飯塚俊夫男子部生徒代表）

「昭和三十一年十月十三日秋雨そぼふる午前八時二十分校長先生は天寿尽き忽焉として現世をお去りになりました。恩師と仰ぎ慈父としてお慕い申し上げた私どももはや再び先生のお優しいお顔お優しきお声を拝して厚く尊い御教えとねんごろなる御導きとを仰ぐことは出来なくなってしまったのでございます。……今にして校長先生が私どもの魂の力であり光であらせられた事をいたく感ずるのでございます。……先生の教育への御心は至誠をもって事を貫き止むる激しい御精神でございました。わけても創立以来二十有余年片手に論語片手に算盤の上にすべて本校の校風をお築きになられました先生の終生の御努力は実に私どもの永久永遠に忘却すべからざる所でございます。……先生、校長先生、先生は御生前よく「何ごとも至誠を以て貫くに敵する者なし」と口癖のように仰られましたですね。私どもはこのお言葉に接するごとくに、血潮の湧くのを禁じ得ませんでしたのに、不幸にして宿痾は先生のご活動を封じてしまいました。先生の御胸のおうらみは、いかばかりかとお察し申し上ぐるだに涙の種でございます。私どもは公人と致しまして不朽のご功績を仰ぎ讃えますとともに、また私人と致しましての先生の如きお人柄に限りなき愛慕と世の常ならぬ御恩義に無上の感謝を捧げる次第でございます。私どもは先生の教育への御精神と情熱とを身に体しまして以て先生の御遺志を継ぎ御遺業を成さん事に全力を尽くしますことを持って報恩第一の道と致しますことをお許し下さいませ。先生現世におきましてはこうしてこのように悲しきお別れを致さねばならないのでございますが、然しながら先生、いついつ迄も永く永く私どもの心の灯であって下さいませ命の光であって下さいませ。そしてとこしえにお別れする事なき師弟愛であってくださいませ。幽暗の中に閉ざされました轟台の松のひびきは悲しき読経に和して只過ぎし日の数々のなつかしき思い出をかこつばかりでございます。かく哀惜の涙に泣きぬれつつ永のお別の辞と致す次第でございます」[2]（平野恵子女子部生徒代表）

そのほかにも千葉県知事柴田等、千葉市長宮内三朗など、惣治郎への深い思いを持つ人々が惣治郎の死を悼み、悲しみを訴えた。

式のあと、在校生の捧げもつ生花・花環に守られて遺骨は菩提寺の大日寺に移され、惣治郎は永遠の眠りについた。

昭和三一年（一九五六）一一月一三日、惣治郎が多年にわたって教育に尽くした功績に対し、同年一〇月一三日付けで勲五等に叙し瑞宝章を授けられた旨、賞勲部より発表があった。

また惣治郎の遺徳をしのんで生徒父兄、同窓生を中心に景徳記念事業委員会が結成され、記念事業の一環として、惣治郎の一周忌である昭和三二年（一九五七）一〇月一三日胸像を建立し、除幕式が行われた。この胸像は安西直一の手になるもので、校門と本館の中央に建立された。惣治郎の人柄が伝わってくる迫力のある像である。

十　受け継がれる精神

その後の学校の変遷を、長男彊のことをまじえながら記しておこう。

惣治郎が大多喜高等女学校を免職になったとき、彊は中学二年の終わりであった。世の中のことが少しずつわかってくる年頃だったので、深刻な印象を受けた。彊は、父の免職がくやしくてならず、なんとかして父の仇をとりたいと思い、そのために行政官になろうと考えた。惣治郎もこれに賛成し、行政官になるなら東大へ行くようにと勧めた。自分が正規の学校教育を受けなかったために苦労をしたので、子どもには同じ思いをさせたくなかったのである。

こうして彊は昭和一六年（一九四一）に東大を卒業して内務省に入省。翌年長崎県の学務課長に就任し、さっそく自分の手で年度末の中学校長の異動を行った。彊は、その異動を学閥や年功序列にとらわれず、校長試験合格者全員と面接してふさわしい人物を抜擢したのである。彊からこの話を聞いた惣治郎は、とても喜んだという。これこそ惣治郎が望んでいた人材登用の方式だったからだ。

その後も優秀な行政官として活躍し、終戦後はまだ二十代の若さで地方自治法をつくるメンバーに抜擢され、アメリカの精神を踏まえた日本の地方自治の原点をつくった。また、ILOの国際会議にも足を運ぶなど、市民の生活を安全で豊かなものにしたいという思いが強く、それを行政官という立場から実現するために努力していた。その後消防庁長官に就任するが、消防庁でも、不足していた消防車を全国に配置したり、マンション火災で死亡事故を減らすためにバルコニーの設置の必要性を訴えたりと、大きく貢献した。

戦後の混乱がまだ残る昭和二二年（一九四七）に、彊は家族とともに登戸に移り、惣治郎と同居しながら東京の自治省に通勤した。この生活は、昭和三一年（一九五六）に惣治郎が学校敷地内の校長住宅に移るまで続いた。

その年の秋、惣治郎が亡くなったときも彊は行政官在職中であった。当時は国家公務員の兼職が禁じられていたため、彊がすぐに跡を継ぐことはなく、小野哲理事が第二代校長となった。その後兼職が認められたので、彊は理事長に就任した。

昭和四三年（一九六八）四月一日に千葉経済短期大学が開学される。これは彊の強い熱意によって設置されたものであった。彊は「千葉地区で京浜工業地帯の発展に伴う地域社会の要請に対応した中堅産業人を養成する大学の必要性を感じていた。また将来高校志望者の絶対数の減少が予想されることから、商経関係の学科において優秀な教授陣をそろえた短大が同じ学園内にできることは、高校の教育内容のレベルアップを図る上できわめて有益で、その結果本校の教育内容が中学校や父兄の信用をうることとなる」と『学校新聞』（昭和四二年発行）で述べている。

開学の翌年、昭和四四年（一九六九）、彊は消防庁長官を最後に定年前に退職し、四五年（一九七〇）六月、千葉経済高校の第三代校長に就任した（理事長兼務）。小野哲は理事となる。彊は七月刊の『ＰＴＡ会報』につぎのような一文を寄せている。

「私は、私立学校の生命は、その個性のある教育を行うところにあると考えております。個性のない私立学校は、私立学校としての存在の値打ちがないと思います。私立学校の個性は、その創立者の精神と長い間の努力によって培われた伝統によって形成されるものでありまず。本校の場合は『片手に論語　片手にそろばん』『倫理と経済』を建学の精神として、その個性のある教育とユニークな校風をつくりあげてまいりました。人間は経済的動物であると同時に、倫理的な動物であります。本校では、道徳教育と職業教育に力を入れておりますが、両者がバラバラでなく、一つに結びつけられているところに、他校に見られない特色があるのであります。

……私は教職員各位と協力しつつ本校の個性ある教育の成果をいよいよ伸ばして、全国で屈指の優秀な私立学校に育て上げたいと思います。私立学校は公立学校のように税金でまかなわれるのではなく、自主的な努力によって経営してゆかなければなりません。私は、父兄負担をなるべく少なくして、できるだけ内容のよい教育をしてゆくように努力をしてまいる所存であります」

彊は行政官だったので、官公庁との関係も深く、短大、大学の設立にはそのことが有利に働いた。また地方教育審議会の専門委員や日本私立短期大学協会の会長などを務めた。惣治郎の精神もしっかりと受け継いでいて、校長時代に退学希望者が出ても、もっと何かやれることがあるのではないかと、なかなか認めようとしなかった。これは、まさに惣治郎の「ひとりも棄てるな」の精神である。彊も「やめたいならどうぞ」というやり方は教師としての務めを果たしていない、と考えていた。

また彊は、行政官時代に早稲田大学で地方自治論を数年間教えた経験があった。早稲田大学は日本有数のマンモス大学である。何百人も入る大教室で授業を行い、そのあと学生の質問に答えたりしているうちに、彼らは友人も少なく、なんとか自分の思いを伝えて居場所を確認したがっている、ということに気づいたという。そこで千葉経済大学、短期大学をつくるときに、“Small is beautiful”というモットーを掲げた。私学のなかには、規模を拡大して大きな学園を目指すところもあるが、都内のマンモス大学、大学園を目指すことはしなかった。小さいけれどもこの学校はしっかりしている、と思われるような学園をつくろう、と教授会などでもしばしば話していた。

さらに、彊は公務員を退職したあと、千葉市長選に二度立候補して、惜しくも落選している。地方自治のスペシャリストとして、千葉市を理想的な地方自治を実現できる町にしたいと強く願ってのことだったのだろう。こういう理想主義的なところも、惣治郎を受け継いでいるのかも知れない。

学園は、昭和四八年（一九七三）には創立四〇周年を、昭和五八（一九八三）年には創立五〇周年を迎えて、それぞれ盛大な式典が催された。そして、一九八八年、千葉経済大学が開学され、今日まで順調な発展を続けている。
彊は、平成一九年（二〇〇七）七月に九〇歳の天寿を全うして逝去した。
最後に、惣治郎の孫にあたる佐久間勝彦による一文を掲載しておこう。自らが受け継いだ惣治郎の精神が、現在の学校経営にどう活かされているかが具体的に書かれ、将来への決意表明ともなっている。

「祖父佐久間惣治郎は、私が小学校六年の時に死去した。家庭では温和で、説教めいた話を聞かされた記憶はない。いつのまにか、惣治郎の教育精神が植え付けられたような気がしている。

私は、小学校高学年の時には、すでに将来教師になろうと考えていた。父彊の勧めで早稲田大学の政経学部を卒業して、その後文学研究科教育学専攻で修士課程を修了したが、教師になりたいという思いは変わらず、神奈川県川崎市の中学校で社会科を教えた。六年後、千葉経済短期大学で初等教育科を設置することになり、教員養成に携わるために戻ってきて、いらいずっとこの学園にかかわっている。

父の彊は、長く行政官を務めた経験を生かして、惣治郎の目指した教育を制度の整備によって支え、実現しようとした。ほかの私学の経営者とはちがって、行政との緊密なパイプも作り上げ、私学の振興、充実に大きく貢献した。中曽根内閣のときには臨時教育審議会の専門委員を、また日本私立短期大学協会の会長も務めた。

私は父とはちがって、自分の学校の教育に専念したいほうである。生徒・学生と関わって、その可能性を切り開く仕事に強くひかれている。

惣治郎は私が子どものころに亡くなっていて、教育について教えを受けたことはないのだが、ときどき祖父と似ていると言われることがある。私自身も、どこかで惣治郎と教師としてつながっている感じがする。惣治郎が書いた文章などを読むと、時代は大きく違っても考え方が一致しているように思えるところがあるからだ。「校長は事務屋になってはならず、教育者でなければならない」「学生が悪いことをするのは教育者の力が足りないせいだ」というような指摘は、現在の教育界にも通じている。

最近の教育学者には、研究者としてのキャリアのみを積んで教授職に就いている人もみられ、学生に教えることがどこかで焦点が合っていない気がする。生徒たちが教師に求めている資質や力量は何か。生徒と教師をつなぐ根源についての考察が充分になされているようには見えない。また一方で、教育技術やテクニックのあれこれの伝達に熱心な教授陣も見受けられる。私は短大で教員養成にあたっているが、学生に語るとき、その根底につねに置いているのは「生徒に向き合うときの教師の人間としての構え」のたいせつさである。

大学教育では惣治郎の時代から、「勉強したい、しなくてはならない」と強く思う学生と「このことを教えたい」と切望する教員との知的なぶつかり合いがあった。しかし、こんにち大学進学率は六〇パーセントを超えて、大学全入時代になっている。そのため、基礎学力を十分に備えた学生ばかりでなく、知識量や読書量の不足する者も多い。このことは率直に認めなければならないが、だからといって足らない知識を次から次へと伝えて覚えこませるという一方向に走ってはならない。学生が内に秘めている可能性を少しずつ表に引き出すという、教育の根幹を大切にしてあたらなければならない。

惣治郎は，数学の時間に数学を教えるより論語の話をよくしたと言う。目の前にいる人間、生徒をいかにして内面豊かに育てるかに心を砕いたからだと思う。私は、小学校、幼稚園教諭を目指す学生には、教育とは眠っている子どもの可能性を開くことだと、その奥深い世界を共感させながら話している。

学ぼうとする意欲を湧き立たせて、秘められた可能性を引き出していくためには、生徒ととことん向き合わなければいけない。向き合うことのできない教師は、生徒の心を開くことができない。惣治郎はしっかりと向き合って、様々な理由で閉じられていた生徒の心の扉を開きつづけてきた。

「片手に論語　片手に算盤」を建学の精神とする私たちの学園は、毎年一回『論語』の公開講座を開催している。昨年は渋沢史料館の井上潤館長が講演した。渋沢栄一は単なる一実業家ではなく公益の追求者で、何よりも「信頼」を大切にしたと井上さんは指摘した。相手を大切にして接することが重要なのだ。生徒学生には未熟さが目に付くのは当然だが、優れた面もまた兼ね備えている。良い点はどんどん認め、未熟な点は補わせる。強制されてではなく、心から納得して自ら改めるというような教育ができれば、自彊会がそうであったように、生徒たちは卒業後も学校や教師を思い続けて人生を歩んでいく。

いま学校を評価する尺度には、進学実績や偏差値などさまざまある。しかし、とどのつまり教育とは一対一の生身の関係の中で、いろいろな感化を与え受けながら生徒が人間としてよりよく育っていくことである。生徒は自分の根っこにはこの先生がいる、この学校があると思い、教師はその変容を目の当たりにして充実感を覚える。ただ通り過ぎるだけの通過点としての学校ではなく、目には見えないつながりで教師と生徒が結ばれていく学校を目指したい。

大学の開学にあたって父は Small is beautiful の精神を強調したが、私もこの精神をだいじにして、小規模な学園であるからこそきちんと教育して、社会に貢献する若者を育成していきたい。

附属高校のアンケート調査では、二四パーセントの生徒の家族に本校の同窓生がいる。親子三代で通うケースもある。これはとてもうれしいことで、これからも同窓生が自分の子どもに「私の学んだ母校で学ぶといいよ」と言ってくれるような学校でありつづけたい。

昭和八年に三九人の生徒から始まった私たちの学園だが、卒業生はすでに四万五千人を超えている。創立にあたって惣治郎の掲げた教育理念を忘れることなく、学園の将来を切り開いていきたい」

惣治郎がめざした「片手に論語　片手に算盤」の精神は、こうして現在に受け継がれてきた。そしてこれからも、未来に向かって生き続け、次代を担う若者を育てていくであろう。

あとがき

「父は、その八十年の生涯を、教育一途に過ごした。教育者としてその長い生涯を送ったというと、普通には、単調な物静かな生活が想像されがちであるが、父の場合には、反対に、まことにはげしい起伏のある、教育者としては異色な生涯であった」

佐久間惣治郎の長男である彊は、「父を語る」[2]の冒頭でこう述べている。

二六歳で中学校の教諭心得となった惣治郎は、「正義を天下に行わんがため」「天下の英才を得、之を教育せんがため」、一直線に進もうとした。これは教育者であればだれもが抱く理想であろう。しかし世の中はそれを簡単には許さなかった。そのため惣治郎は、明治、大正、昭和という激動の時代、みずからの理想を求めて戦い抜かなくてはならなかったのである。

けれども惣治郎は、誠実な心をもって人と向き合えば、必ず思いは通じると信じていた。理不尽な仕打ちにあっても、大きな障害にぶつかっても、わたしたちの目に浮かぶ惣治郎は、いつも顔を上げて、澄んだ瞳で同じ方向を見つめてはいないだろうか。

数々の苦難を乗り越えて私学を興し、「片手に論語　片手に算盤」をモットーに徳育と職業教育を融合させるというユニークな教育をみごとに実現させた佐久間惣治郎。教え子たちの証言などを読んでいると、惣治郎のような教師に出会うことのできた彼らにたいして、羨望の念を禁じ得ない。

教育現場のみならず、さまざまな場面でモラルの低下が叫ばれて久しい。多くの企業で過酷な成果主義が導入され、人を思いやるゆとりがなくなっている。また子どもから大人までインターネットや携帯電話を使い、人と顔を合わせずにコミュニケーションをとることが多くなった。誠実であること、人と向き合うことの大切さが見えにくくなっている時代なのだ。

佐久間惣治郎の生涯をたどることで、今を生きる人たちがなんらかの指針や希望を見つけて下されば、これに勝る喜びはない。

本書は、左記の佐久間惣治郎関連資料をもとに、平成二三年に行った佐久間勝彦氏（惣治郎の孫。現千葉経済学園理事長）と武藤よう子氏（昭和二三年千葉女子商業卒。昭和五九年から平成二年まで同窓会長）へのインタビューを加えて構成したものである。

引用にあたって、表記を新字、新仮名遣いに改め、明らかな誤字・脱字等は訂正した。また、読みやすさを考慮して、適宜改行し、漢字を仮名にする等、一部書き改めたり、句読点を補ったりした箇所があることをおことわりしておく。なお、引用文中の〔　〕内は引用者が補った箇所を示す。

1　佐久間学園千葉女子経済高等学校『創立二十年史』（一九五三年）
2　景徳記念事業委員会『佐久間惣治郎先生追想録』（一九五八年）
3　宇留野勝弥『あゝ佐久間先生　山形中学の恩師佐久間惣治郎先生』（一九六九年）
4　千葉経済高等学校『創立四十周年記念誌』（一九七三年）
5　千葉経済学園『千葉経済学園五十年史』（一九八三年）
6　石井暉二『光芒の人　千葉県人物事典』（ぎょうせい　一九九〇年）
5　千葉経済学園『千葉経済学園五十年史』（一九八三年）
7　千葉経済学園『千葉経済学園60年史』（一九九五年）
8　嘉納治五郎『嘉納治五郎　私の生涯と柔道』（日本図書センター　一九九七年）
9　渋沢栄一『論語と算盤』（角川ソフィア文庫　二〇〇八年）

10 守屋淳『現代語訳　論語と算盤』（ちくま新書　二〇一〇年）
11 鹿島茂『渋沢栄一』（文藝春秋　二〇一一年）
12 同志社編『新島襄教育宗教論集』（岩波書店　二〇一〇年）
13 川名登『千葉県の歴史一〇〇話』（国書刊行会　二〇〇六年）
14 岩本由輝『山形県の百年』（山川出版社　一九八五年）
15 丑木幸男・宮崎俊弥『群馬県の百年』（山川出版社　一九八九年）
16 青木孝寿・上條宏之『長野県の百年』（山川出版社　一九八三年）
17 歴史学研究会編『世界史年表』（岩波書店　一九九四年）

本書の刊行にあたっては、千葉経済高校卒業生で現千葉経済学園理事である桜ゴルフ社長佐川八重子氏のご尽力をいただいた。記して感謝の意を表したい。

二〇一一年七月

佐々木久夫

執筆協力　郡司桃子

佐々木久夫（ささき・ひさお）
1944年（昭和19年）生まれ。1968年、東京外国語大学英米科卒業後、中央公論社（現、中央公論新社）入社。「新集　世界の文学」『自然』『婦人公論』『マリクレール』編集部を経て、「中公新書」編集長。書籍編集局次長、編集委員を務める。2004年、同社を定年退職。現在はフリーで執筆、編集活動を続ける。著書に『新集　知の銀河系3　「本」と出版』（分担執筆、日本図書館協会、2004年）がある。

佐久間惣治郎伝
――教育の基本は「論語と算盤」

二〇一一年八月十日　初版第一刷発行

著　者　佐々木久夫
装　丁　横山　恵
協　力　学校法人千葉経済学園
発行者　宮島正洋
発行所　株式会社アートデイズ
〒160-0008　東京都新宿区三栄町17 V四谷ビル
電　話（〇三）三三五三―二二九八
FAX（〇三）三三五三―五八八七
http://www.artdays.co.jp
印刷所　図書印刷株式会社